AF190029

A. (Anton) Pieper

Das Grundbekenntnis der evangelischlutherischen Kirche

Erster Teil: Enthaltend die geschichtliche Einleitung

A. (Anton) Pieper

Das Grundbekenntnis der evangelischlutherischen Kirche
Erster Teil: Enthaltend die geschichtliche Einleitung

ISBN/EAN: 9783743663565

Hergestellt in Europa, USA, Kanada, Australien, Japan

Cover: Foto ©Lupo / pixelio.de

Weitere Bücher finden Sie auf **www.hansebooks.com**

Das Grundbekenntniß

der

evangelisch-lutherischen Kirche.

⁂

Mit einer

geschichtlichen Einleitung und kurzen erklärenden
Anmerkungen versehen.

⁂

Dem lutherischen Christenvolk zum 350jährigen Jubiläum
der Augsburgischen Confession dargeboten

von

F. Pieper.

Erster Theil.
Enthaltend die geschichtliche Einleitung.

St. Louis, Mo.
Druckerei des „Luth. Concordia-Verlags".
1880.

Vorerinnerung.

Am 25. Juni dieses Jahres 1880 sind 350 Jahre seit jenem denkwürdigen Tage verflossen, an welchem unsere aus der Nacht des Pabstthums durch den Dienst Luthers herausgeführten Väter ein Bekenntniß ihres Glaubens auf dem Reichstage zu Augsburg überantworteten. Mit diesem Bekenntniß sprachen dieselben zuerst gemeinsam ihren schriftgemäßen Glauben gegenüber den Irrlehren des Pabstthums und der Secten öffentlich und feierlich vor ganz Deutschland, ja, vor der ganzen Welt aus. Die Augsburgische Confession ist darum das Grundbekenntniß der lutherischen Kirche. Die späteren lutherischen Bekenntnißschriften wollen nur Bestätigungen und richtige Erklärungen dessen sein, was in der Augsburgischen Confession bekannt ist. Wer die Augsburgische Confession nicht als sein Bekenntniß annehmen will, hat nicht das Recht, sich einen Lutheraner zu nennen.

Auch wir bekennen uns zu der am 25. Juni 1530 überantworteten Confession als zu unserm Bekenntniß, weil wir dieselbe als mit dem Worte Gottes übereinstimmend erkannt haben. Wir sprechen mit unseren Vätern zur Zeit der Concordienformel: „Zu derselbigen christlichen und in Gottes Wort wohlgegründeten Augsburgischen Confession bekennen wir uns von Grund unsers Herzens, bleiben bei derselbigen einfältigem, hellem und lauterem Verstand, wie solchen die Worte mit sich bringen, und halten gedachte Confession für ein rein christlich Symbolum, bei dem sich dieser Zeit rechte Christen nächst Gottes Wort sollen finden lassen." So laßt uns auch mit Dank gegen Gott, der unserer Kirche dieses herrliche Bekenntniß gegeben hat, das 350jährige Jubiläum der Augsburgischen Confession festlich begehen.

Dieses Büchlein möchte einen kleinen Beitrag zur Feier dieses Jubiläums liefern. Zur Verabfassung desselben hat sich der Unterzeichnete durch das Drängen etlicher Brüder nur deshalb bewegen lassen, weil fähigere Hände in nächster Nähe mit anderen Arbeiten beschäftigt waren und gar keine Zeit mehr übrig blieb, Geschicktere mit der Arbeit zu beauftragen. Die eilig hingeworfenen geschichtlichen Notizen sollen keine vollständige Geschichte jener großen Bekenntnißtage sein, sondern nur eine mehr gruppenartige Zusammenstellung solcher Ereignisse, welche in das Herz der Bekenner, in ihren Kampf und Sieg einen Blick thun lassen. Ebenso sollen die Anmerkungen zum Text der Confession keine eigentliche Erklärung derselben geben, sondern nur einzelne Hinweise und Andeutungen, welche dem Verständniß der Confession und ihrem Gebrauch gegen allerlei Irrlehrer förderlich sein möchten.

Der HErr segne unser lutherisches Zion und gebe ihm einen Sieg nach dem andern. Ja, Er wirds thun, so wahr er seiner Wahrheit den Sieg verheißen hat.

St. Louis, Mo., den 12. Mai 1880.

F. Pieper.

Geſchichtliche Einleitung.

Erstes Kapitel.

Kurzer Ueberblick über die Ereignisse vom Beginn der Reformation bis zum Reichstag zu Augsburg.

Um die Zeit, in welcher die Augsburgische Confession verabfaßt wurde, und somit diese selbst besser zu verstehen, ist es nöthig, sich die hauptsächlichsten Ereignisse vom Beginn der Reformation an, vom Jahre 1517 bis zum Jahre 1530, kurz vor Augen zu führen.

Als Luther auftrat, dachte er keineswegs daran, daß er zum Reformator der Kirche berufen sei. Er war durch jahrelange heiße Seelenkämpfe und durch eifriges Studium der damals ganz in Vergessenheit gerathenen heiligen Schrift zu der Erkenntniß gekommen, daß ein Mensch auf keinem andern Wege Vergebung der Sünden erlange als auf dem Wege der Buße und des Glaubens. Er hatte in der Schule des Heiligen Geistes gelernt: ein Mensch muß durch das Gesetz sich als einen verdammungswürdigen Sünder erkennen und dann dem Evangelium glauben, welches dem zerschlagenen Sünder Gottes Gnade um des Verdienstes Christi willen frei und umsonst schenkt. So lehrte Luther als Professor seine Studenten, so lehrte er als Prediger und Seelsorger seine Gemeinde. Da ereigneten sich im Jahre 1517 Dinge, die ihn aufs höchste in Erstaunen versetzten. Eine Anzahl seiner Pfarrkinder bekannten ihm in der Beichte zwar große Sünden; als aber Luther sie zu ernster Buße ermahnte, zeigten sie ihm von dem Ablaßkrämer Tezel gekaufte Ablaßbriefe und meinten, sie hätten Vergebung ihrer Sünden auch ohne Reue und

Glauben kraft der um gutes Geld erstandenen Ablaßzettel. Luther verweigerte solchen Beichtkindern die Absolution. Er wurde deshalb bei Tetzel verklagt. Und Tetzel wüthete nun gegen Luther als einen Ketzer und Verächter des päbstlichen Stuhles. Luther ahnte damals noch gar nicht, daß er „des Pabstes Krone und der Mönche Bäuche angetastet habe". Er meinte damals noch, der Ablaßunfug werde ganz ohne das Wissen und die Billigung des Pabstes getrieben. Aber er wurde bald eines Andern belehrt. Angesehene papistische Theologen und hohe Würdenträger traten in Schriften aufs heftigste wider Luther auf und bezeichneten ihn als einen Ketzer. Der Pabst Leo X., der anfänglich gemeint hatte, es handele sich um eine unbedeutende Mönchszänkerei, schrieb am 23. August 1518 an den Kurfürsten von Sachsen, Friedrich den Weisen, in dessen Land sich ja Luther befand: „Wir befehlen dir, daß du verschaffen wollest, daß der Martin Luther in die Gewalt und die Gerichtsbarkeit des heiligen Stuhles gebracht werde." Als aber von dem Kurfürsten von Sachsen die Auslieferung nicht zu erlangen war und auch verstellte Freundlichkeit den Mönch nicht zur gewünschten Unterwürfigkeit gebracht hatte, wurde Luther 1520 durch eine päbstliche Bulle für einen Ketzer erklärt und, falls er binnen 60 Tagen nicht widerrufe, in den Bann gethan. Frech und anmaßend befahl der Pabst allen Obrigkeiten in Deutschland, Luther und seine Anhänger „persönlich zu fangen und gefangen ihm zuzusenden". Luther waren inzwischen die Augen immer mehr über das eigentliche Wesen des Pabstthums aufgegangen. In der päbstlichen Bulle waren die klarsten Lehren des Wortes Gottes verdammt. So erkannte Luther, daß der Pabst nicht der „heilige Vater", sondern „der Antichrist und des Satans Stuhl" sei, und anstatt zu widerrufen, verbrannte 'er am 10. December 1520 vor dem Elsterthore zu Wittenberg in

Gegenwart einer ungeheuren Volksmenge die päbstliche Bulle sammt dem kanonischen Recht mit den Worten: „Weil du den Heiligen des HErrn betrübet hast, so betrübe und verzehre dich das ewige Feuer."

Damit hatte sich Luther öffentlich von der römischen Kirche und dem Pabst losgesagt. Ein Häuflein Freunde, in deren Herzen das von Luther gepredigte Wort Gottes seine göttliche Wirkung gethan hatte, jauchzte ihm zu. Die große Menge der päbstisch Gesinnten war von Wuth entbrannt. Herzog Georg von Sachsen und andere deutsche Fürsten wollten alles Ernstes nach der Bulle des Pabstes handeln. Auch der inzwischen zum deutschen Kaiser gewählte König von Spanien, Carl der V., war namentlich durch den päbstlichen Gesandten Aleander und seine spanischen und italienischen Räthe gegen Luther sehr aufgebracht worden.

Dies war die Lage der Dinge, als Kaiser Carl Luther vor den Reichstag zu Worms forderte. Trotz der dringenden Abmahnungen seiner Freunde erschien er und stand am 17. und 18. April 1521 vor der großen Reichsversammlung. Er sollte seine bis dahin geschriebenen Bücher widerrufen und sich dem Pabst und den Concilien unterwerfen. Luthers Schlußantwort war: „Weil denn Euer Kaiserliche Majestät und Kurfürstliche und Fürstliche Gnaden eine schlichte, einfältige, richtige Antwort begehren, so will ich die geben, die weder Hörner noch Zähne haben soll, nämlich also: Es sei denn, daß ich mit Zeugnissen der heiligen Schrift oder mit öffentlichen klaren Gründen und Ursachen überwunden und überweiset werde — denn ich glaube weder dem Pabst noch den Concilien allein nicht, weil es am Tage und offenbar ist, daß sie oft geirret haben und ihnen selbst widerwärtig gewesen sind — und ich also mit den Sprüchen, die von mir angezogen und eingeführt sind, überzeugt und mein Gewissen in Gottes

Wort gefangen sei: so kann und will ich nicht widerrufen, weil weder sicher noch gerathen ist, etwas wider das Gewissen zu thun. Hier stehe ich, ich kann nicht anders, Gott helfe mir. Amen!"

Schon am nächsten Tage gab der Kaiser eine Antwort dahin, er wolle nunmehr mit Luther als mit einem offenbaren Ketzer verfahren und hoffe, ein jeder Fürst werde in seinem Lande dasselbe thun. „Er sei bereit, zur Vertheidigung der katholischen Religion, die von seinen Vorfahren, Kaisern und Königen sei überbracht worden und nun von einem elenden Mönch gestürzt werden wolle, alle Kräfte anzuwenden." Am 26. Mai folgte die förmliche von dem päbstlichen Gesandten Aleander verfaßte Achtserklärung. In derselben hieß es unter Anderem, „daß Luther für ein abgesondertes Glied der Kirche Gottes und offenbaren Ketzer erklärt werde, auch von Allen und Jeden dafür geachtet und gehalten werden solle. Folglich solle ihn auch niemand bei Vermeidung der Reichsacht und Aberacht weder hausen, hofen, ätzen, tränken noch enthalten, noch ihm mit Worten oder Werken heimlich oder öffentlich Beistand noch Vorschub beweisen, sondern ihn vielmehr gefänglich annehmen und Kaiserlicher Majestät zusenden." Die sich unterstehen würden, Luthers Anhänger zu sein, von denen hieß es: „Es soll sie jedermann niederwerfen und fangen und ihre beweglichen und unbeweglichen Güter zu seinen Händen nehmen und zu eigenem Nutz wenden und behalten." Ueber Luthers Bücher war verordnet: „Es soll sie niemand kaufen, verkaufen, lesen, behalten, abschreiben, drucken, noch abschreiben oder drucken lassen ꝛc., sondern sie mit Feuer verbrennen und in allewege gänzlich abthun, vernichten und vertilgen" — „Alles bei Vermeidung des Bannes und der Kaiserlichen Acht und Aberacht."

Hiernach sah es aus, als sei es um Luther und seine

Sache geschehen. Aber Luthers Sache war Gottes Sache. Es geschah ihr nach dem, was Luther in Worms dem Kurfürsten von Trier sagte: „Ist der Rath oder das Werk aus den Menschen, so wirds untergehen. Ists aber aus Gott, so könnt ihrs nicht dämpfen" (Apost. 5, 38. 39.). Zwar hieß es in der Achtserklärung, es solle niemand bei der Vermeidung der Reichsacht Luthern „weder hausen, hofen, ätzen, tränken noch enthalten". Aber der Kurfürst Friedrich von Sachsen gehorchte Gott mehr als den Menschen. Er ließ Luther heimlich auf die Wartburg bei Eisenach bringen, um ihn vor den Gefahren des Bannes und der Reichsacht zu schützen. Vielweniger wurde das Verbot, Luthers Bücher zu kaufen, zu lesen und zu verbreiten, beachtet. Das von Luther auf der Wartburg ins Deutsche übersetzte Neue Testament wurde so eifrig gekauft und gelesen, daß, wie der papistische Theologe Cochläus ganz entrüstet meldet, selbst Handwerker und Weiber es nach und nach auswendig lernten und mit Priestern und Anderen aus der Schrift zu disputiren wagten. Auch andere Schriften Luthers wurden aufs fleißigste gelesen. Und weil sie Gottes lebendiges und kräftiges Wort enthielten, so gewannen sie mit göttlicher Kraft die Herzen. Jammernd stellte derselbe Cochläus den deutschen Fürsten vor, Luther müsse durchaus von Seiten der Obrigkeit Einhalt gethan werden, sonst werde derselbe bald ganz Deutschland auf seine Seite bringen.

Und nicht blos in Deutschland wurden Luthers Schriften gelesen. Dieselben wurden auch übersetzt und in fast sämmtlichen Ländern Europas verbreitet. Es gab bald in den Niederlanden, England, Dänemark, Schweden, Preußen, Polen, Ungarn, ja selbst in Italien, Frankreich und Spanien eine größere oder kleinere Anzahl Lutheraner, öffentliche und heimliche Anhänger der durch Luther wieder hervorgebrachten

Lehre des Wortes Gottes. Gottes Kraft war mächtiger als des Kaisers Gebot.

Wie verhielten sich dem gegenüber die Feinde? Das Wormser Edict ist nie zur allgemeinen Ausführung gekommen. Gott hat die Fürsten und Völker in seiner Hand und kann die Rathschläge der Feinde seines Wortes wohl zu nichte machen. Dem Kaiser selbst waren nach dem Reichstage zu Worms durch Kriege gegen den König von Frankreich und die Türken die Hände so gebunden, daß er sich mit der Ausführung des Edicts von Worms nicht befassen konnte. Ja, der Kaiser gerieth schließlich in einen Krieg mit dem Pabst selbst, der mit dem König von Frankreich ein Bündniß gegen den Kaiser geschlossen hatte. Auch die deutschen papistischen Fürsten hatten manches an der Pabstwirthschaft auszusetzen und wollten den Befehlen des Pabstes, gegen die lutherischen „Ketzer" einzuschreiten, nicht immer nachkommen.

Aber von einem Aufhören der Feindschaft zwischen dem Weibessamen und dem Schlangensamen kann keine Rede sein. So konnte auch die Feindschaft der Anhänger des Pabstes gegen die Bekenner des Wortes Gottes nur zeitweilig und theilweise zurückgehalten sein. Wenn auch ein Theil der papistischen Fürsten an dem Pabste manches auszusetzen hatte, so betraf dies mehr nur äußere Dinge. Dem Evangelium von der freien Gnade Gottes in Christo waren sie, wie denn der natürliche, selbstgerechte Mensch nicht anders kann, von Herzen feind.

Einige eifrig papistische Stände machten sich auch sofort nach dem Reichstage zu Worms daran, das Wormser Edict in Vollzug zu setzen. Herzog Georg von Sachsen ließ schon 1521 einen Buchhändler, der Luthers Schriften verkaufte, enthaupten. Es floß auch Märtyrerblut in den Niederlanden, in Ungarn, Oestreich, Baiern, Elsaß, Cöln ꝛc.

Luther redet in dieser Zeit von Predigern und Hörern an vielen Orten, welche „die Zahl der Heiligen täglich mehr und größer machen, da etliche ihr Blut vergießen, etliche gefangen, etliche von dem Ihren verjagt und allesammt die Schmach Christi tragen". Aber Gefängniß, Schwert und Scheiterhaufen vermochten den Lauf des Evangeliums nicht zu hemmen. Es gewann mehr und mehr Boden. Das sahen die Papisten, und das steigerte ihre Feindschaft. Schon 1524 hatten einige papistische Stände ein Bündniß zur Ausführung des Wormser Edicts geschlossen, so daß, um gegen einen drohenden Ueberfall geschützt zu sein, auch der Kurfürst von Sachsen, der Landgraf Philipp von Hessen und einige Reichsstände sich verbündeten, weil „leider öffentlich am Tag — so hieß es in der Bundesformel —, wie viel und mancherhand Praktiken eine Zeit her sonderlich von den Geistlichen und ihren Anhängern im heiligen Reich gesucht und fürgenommen sind worden, das heilige, göttliche Wort wiederum zu verdrücken, zu vertilgen und gänzlich aus der Menschen Herzen und Gewissen, so es möglich gewest wäre, zu reißen".

Aber am meisten zeigte sich der Haß der papistischen Fürsten und Stände auf dem Reichstage zu Speyer 1529. Die papistische Partei setzte einen Reichstagsabschied fest, das Wormser Edict solle bis auf ein Concil beobachtet werden. Niemand sollte es erlaubt sein, zu den Lutheranern überzutreten. Die Prediger sollten im Sinne der (papistischen) Kirche predigen. Die lutherischen Fürsten und Stände wiesen mündlich und schriftlich diese Zumuthungen zurück. Aber ihnen wurde schließlich ferneres Gehör versagt. Sie sollten sich einfach der Mehrheit anschließen. Gegen diese Gewissenstyrannei und schreiende Ungerechtigkeit legten die Lutheraner feierlichst Protest ein. Am Schluß dieses am 20. April 1529 schriftlich eingereichten Protestes sagten sie: „so

protestiren sie hiemit vor Gott, der alle Herzen erforschen und
recht richten werde, wie auch vor allen Menschen und Kreaturen, daß sie für sich, die Ihrigen und allermänniglichs halben
in alle Handlung und vermeinten Abschied, so in gemelde-
ten oder andern Sachen wider Gott, sein heiliges
Wort, ihrer aller Seelen Heil und gut Gewissen
vorgenommen und beschlossen worden, nicht wil-
ligten, sondern alles für nichtig und unbündig
hielten."

Diese Protestation, von welcher fortan die Anhänger des
Evangeliums auch Protestanten*) genannt wurden, erregte
noch mehr den Zorn der papistischen Stände und namentlich
auch des Kaisers. Der Kaiser hatte eben mit dem König von
Frankreich Frieden geschlossen und auch mit dem Pabst sich ver-
glichen. Die Gesandten der Protestanten, welche dem Kaiser
die Speyersche Protestation im October 1529 zu Piacenza in
Italien überreichten, wurden nicht nur hart empfangen, sondern auch als Gefangene behandelt. Der schließliche Bescheid des Kaisers lautete: „die Protestirenden sollten sich zu
dem einmal gefaßten Receß bequemen, weil es bei der
Mehrzahl bleiben müsse".

So gefährlich lagen die Dinge für die Anhänger des
Evangeliums Ende 1529. Namentlich der junge und feurige
Landgraf Philipp von Hessen wollte, daß man sich gegen diese

---

*) Unsere Väter wurden Protestanten genannt, weil sie in den
Sachen, welche Seele und Gewissen betreffen, nicht Menschenwort und
Menschenansehen, sondern allein Gottes Wort gelten lassen wollten.
Heutzutage nennen sich hauptsächlich diejenigen Protestanten, welche
gegen die alleinige Geltung von Gottes Wort in Sachen des Glaubens
protestiren, ja schon gänzlich vom christlichen Glauben abgefallen sind.
Diese neuen Protestanten haben mit jenen echten Protestanten und Bekennern nichts gemein. Wenn im Folgenden das Wort „Protestanten"
öfter sich findet, so ist es nur in dem rechten und echten Sinne gebraucht.

Gefahr durch ein enges Bündniß schütze. Ueber ein solches
wurde auf mehreren Conventen verhandelt. Aber Luther,
wiederholt um Rath gefragt, widerrieth durchaus ein Bündniß,
als welches auch gegen den Kaiser, ihrer aller obersten welt=
lichen Herrn, gerichtet sei. Alle Verhandlungen, welche die
lutherischen Fürsten und freien Städte unter sich führten,
brachte das Schreiben des Kaisers, durch welches derselbe einen
Reichstag nach Augsburg berief, vorläufig zum Stillstand.

Zweites Kapitel.
Zurüstung zum Reichstage und Ankunft in Augsburg.

Die lutherischen Stände hatten in ihrer Protestation zu
Speyer auch um ein „frei christlich gemein Concilium" ge=
beten, vor welchem sie die Sache des Evangeliums verant=
worten wollten. Ein solches Concilium nun kam nicht zu
Stande. Die Päbste haben nie freie christliche Concilien
geliebt, sondern immer nur solche, von denen sie im Voraus
wußten, daß nicht Gottes Wort, sondern die päbstlichen
Satzungen bei denselben die Herrschaft haben würden. So
konnte auch Carl V. den Pabst Clemens VII. durchaus nicht
bewegen, ein allgemeines Concil auszuschreiben. Der Pabst
hatte kein Zutrauen zu einem Concil in einer Zeit, wo das
Licht des Wortes Gottes schon hell in die Lande leuchtete
und Tausende und aber Tausende unter dieser Beleuchtung
ihn nicht mehr als den „heiligen Vater" ehrfurchtsvoll an=
staunten, sondern als den Menschen der Sünde und das Kind
des Verderbens (2 Thess. 2.) erkannt hatten.

So schrieb der Kaiser am 21. Januar 1530 einen Reichs=
tag nach Augsburg für den 8. April aus. Dieses kaiserliche
Ausschreiben setzte die lutherischen Stände einigermaßen in

Erstaunen. Es war in einem sehr freundlichen Tone verab=
faßt. Die Religion betreffend sollte der Zweck des Reichs=
tages sein: „alle eines Jeglichen Gutbedünken, Opinion und
Meinung in Liebe und Gütlichkeit zu hören, zu verstehen und
zu erwägen, die zu einer einigen christlichen Wahrheit zu
bringen und zu vergleichen, alles, so zu beiden Theilen nicht
recht ist ausgelegt oder gehandelt, abzuthun."

Der Kurfürst von Sachsen erhielt das kaiserliche Aus=
schreiben am 11. März. Schon am 14. März gab er auf
den Rath seines treuen und frommen Kanzlers Dr. Brück
seinen Theologen zu Wittenberg, Luther, Jonas, Bugenhagen
und Melanchthon, den Auftrag, die Hauptpunkte, die rechte
Lehre und die Kirchengebräuche betreffend, schriftlich zu ver=
fassen, damit man wisse, was man auf dem Reichstage be=
haupten müsse und wie weit man sich mit gutem Gewissen
in einen Vergleich einlassen könnte. Die Theologen sollten
alle andern Geschäfte ruhen lassen, sich nur mit der Ausar=
beitung der wichtigen Schrift beschäftigen und ihm dieselbe
nach 8 Tagen persönlich zu Torgau überreichen. Luther hatte
schon Ende des vorigen Jahres mit großer Genauigkeit und
Schärfe 17 Artikel entworfen, die sogenannten Schwabacher
Artikel. Diese wurden noch einmal übersehen, mit mehreren
Zusätzen, in welchen die in der römischen Kirche im Schwange
gehenden Mißbräuche behandelt wurden, vermehrt und dem
Kurfürsten zu Torgau überreicht.

So rüstete man sich in Kursachsen zur Verantwortung des
Glaubens vor Kaiser und Reich. Die Theologen erboten
sich, für ihre eigene Person vor dem Kaiser zu erscheinen und
Rechenschaft zu geben, damit der Kurfürst ihretwegen nicht in
Gefahr komme. Der Kurfürst antwortete: „Da sei der liebe
Gott für, daß ich aus eurem Mittel ausgeschlossen sein sollte.
Ich will mit euch meinen HErrn Christum bekennen."

Warum redeten denn die Theologen schon wieder von einer
Gefahr, in die der Kurfürst als Bekenner des Evangeliums
kommen möchte? Lautete doch das kaiserliche Ausschreiben
recht freundlich und gnädig! Die evangelischen Stände hatten
Grund genug, der Sachlage nicht recht zu trauen. Der Kaiser hielt sich schon seit mehreren Monaten beim Pabste in Italien auf und verkehrte aufs freundschaftlichste mit demselben.
Der Kaiser lag auch im Februar vor dem Pabst auf den
Knieen, um sich zum römischen Kaiser krönen zu lassen. Und
vor der Krönung hatte er geschworen: „Ich, Carl, römischer
König und bald auch durch Gottes Gnade Kaiser, verspreche
und schwöre bei Gott und dem heiligen Petrus, daß ich künf-
tighin nach allen Kräften die päbstliche Würde und die römische
Kirche beständig vertheidigen, keine Freiheit der Kirche krän-
ken, sondern die Macht, Gerichtsbarkeit und Herrschaft derselben, so viel als nur möglich ist, erhalten und beschützen
will." Der Pabst drang von Anfang an in den Kaiser, die
„Ketzer" in Deutschland mit dem Schwert zum Gehorsam
gegen die römische Kirche zurückzuführen. Weder Concilium
noch Reichstag, sondern Feuer und Schwert seien die Mittel,
um eine befriedigende Lage der Dinge in Deutschland herzu-
stellen. Der Kaiser aber wollte vorerst noch keine Gewalt anwenden. Er war bestrebt, durch ein einiges Deutschland seine
Herrschermacht zu vermehren und nach Außen hin glänzend
erscheinen zu lassen. Wenn er sich des Dienstes sämmtlicher
deutscher Fürsten, auch der protestantischen, versichern konnte,
ohne erst in einem Kriege gegen sie viel Kraft zu verbrauchen,
so war ihm dies viel angenehmer. Auch der erste Kanzler des
Kaisers, Gattinara, ein von der Wahrheit des Evangeliums erfaßter Mann, widersetzte sich dem Andringen des
Pabstes, die Protestanten ohne Weiteres anzugreifen, durchaus.
Ja, er wagte es, Seine „Heiligkeit", den Pabst, zu belehren,

die Kirche bedürfe vermalen nicht so wohl der Gewalt als des
Rathes frommer und gelehrter Männer. Nichtsdestoweniger
wurde zwischen dem Pabst und dem Kaiser vor des Letzteren
Abreise nach Deutschland ausgemacht, wenn die Protestanten
sich auf dem Reichstage nicht überreden lassen sollten, unter
die Botmäßigkeit des Pabstes zurückzukehren, dann sollten sie
vom Kaiser, König Ferdinand und den übrigen papistischen
Fürsten dazu gezwungen werden.

Die Kunde von diesen Abmachungen zwischen dem Kaiser
und dem Pabst drang auch nach Deutschland. Der Kurfürst
erhielt von verschiedenen Seiten, selbst von dem muthigen
Landgraf Philipp von Hessen, Abmahnungen, nicht persönlich
nach Augsburg zu gehen. Dem Kurfürsten von Sachsen,
der mit Recht als das Haupt der protestantischen Fürsten an=
gesehen wurde, drohten die meisten Gefahren. Aber der
Mann kannte bereits durch Gottes Gnade ein höheres Gut
als irdische Herrschaft; so wollte er sich nicht abhalten lassen,
seinen HErrn Christum zu bekennen. Er ordnete an, daß
im ganzen Lande das Volk zur Fürbitte um einen glücklichen
Ausgang des Reichstages aufgefordert werde; ließ sich zu
Torgau noch eine Predigt halten über den Text Matth. 10,
32.: „Wer mich bekennet vor den Menschen, den will ich auch
bekennen vor meinem himmlischen Vater; und wer mich ver=
leugnet vor den Menschen, den will ich auch verleugnen vor
meinem himmlischen Vater", und machte sich getrost auf den
Weg nach Augsburg. Seine Diener trugen auf den Aer=
meln der Oberkleider die Buchstaben eingezeichnet: V. D. M.
I. Ae., die Anfangsbuchstaben der Worte: Verbum Domini
Manet In Aeternum, das heißt, „Das Wort des HErrn
bleibet ewiglich." Am 2. Mai hielt der Kurfürst, als der
erste von allen Fürsten, seinen Einzug zu Augsburg. In
seinem Gefolge befanden sich auch Herzog Ernst von Lüne=

burg, Fürst Wolfgang von Anhalt und der Graf von Mans=
feld. Am 12. Mai langte der Landgraf Philipp von Hessen
an. So war der Schreier Eck zu Schanden geworden, der
schon vorher triumphirend geschrieben hatte: „Er wüßte es
gewiß, daß kein Lutheraner auf den vorstehenden Reichstag
kommen werde, sintemal ihnen der Prozeß schon gemacht wor=
den wäre und es daher an nichts anders, als an der Erecu=
tion mangelte."

Drittes Kapitel.

Bekennen vor der Eröffnung des Reichstages.

Der Reichstag war ursprünglich auf den 8. April aus=
geschrieben. Ein zweites Schreiben des Kaisers hatte ihn
auf den 1. Mai verschoben. Aber es zeigte sich bald, daß
noch mehrere Wochen bis zum Eintreffen des Kaisers ver=
gehen würden. Der Kaiser war erst Ende März von Italien
aufgebrochen, zog sehr langsam gegen Norden und machte
schließlich noch längere Zeit zu Innsbruck in Tyrol Halt.
Die lutherischen Fürsten ließen derweile ihre Prediger fleißig
zu Augsburg predigen. Ein ungeheurer Zudrang zu diesen
Predigten fand statt. Auf Begehren der Bürgerschaft wurde
eine Kirche nach der andern den lutherischen Predigern geöffnet.
Dr. Erhardt Schnepf, den der Landgraf von Hessen nach
Augsburg mit gebracht hatte, predigte zuletzt gar in der Kathe=
drale. Eine gewaltige geistliche Bewegung entstand in Augs=
burg durch diese Predigten. Aber je mehr sich die Wirkung des
gepredigten Wortes Gottes zeigte, desto höher stieg die Erbit=
terung der papistischen Partei. Dem Kaiser wurde von diesen
Vorgängen in Augsburg Nachricht gegeben. Die heftigsten
Gegner der Reformation Kurfürst Joachim von Brandenburg,

Herzog Georg von Sachsen und Herzog Wilhelm von Baiern
reisten dem Kaiser nach Innsbruck entgegen. Melanchthon
schrieb an Luther am 11. Mai: „Herzog Georg und Markgraf
Joachim sind zum Kaiser gezogen; da werden sie von unsern
Hälsen rathschlagen." Man suchte namentlich den Kurfür=
sten von Sachsen auch wegen der Predigten beim Kaiser zu
verdächtigen. Man sagte, durch die lutherischen Prediger sei
beinahe ein Aufruhr in Augsburg entstanden. Das habe auch
wohl im Plan des Kurfürsten von Sachsen gelegen. Derselbe
hege offenbar gefährliche Absichten. Man bot dem Kaiser 6000
Reiter an, um den Plänen des Kurfürsten wirksam entgegen=
treten zu können. Diese böswilligen Verleumdungen blieben
nicht ohne Wirkung auf den Kaiser. Derselbe machte von
Innsbruck aus dem Kurfürsten Vorwürfe, daß er das Worm=
ser Edict nicht vollzogen habe, und richtete zu gleicher Zeit
das Ansuchen an ihn, er möchte das Predigen einstellen lassen.
Auf letzteres gab der Kurfürst eine Antwort, welche wie=
derum bezeugt, wie ernst es ihm mit dem Bekenntniß der
Wahrheit war. Er schrieb dem Kaiser: „Die Unterlassung
der Predigten müsse er sich Gewissens halber unterthänigst
abbitten, indem nichts als die helle Wahrheit Gottes und der
heiligen Schrift gepredigt werde. Bei welcher Bewandt=
niß es ja erschrecklich wäre, Gottes Wort und
seine Wahrheit niederzulegen. Auch würde es ein
großes Aergerniß geben und dafür angesehen werden, als
wollte kaiserliche Majestät ungehörter Sache und ungehandelt
die Lehre des Evangeliums verbieten, da doch dero christliches
und hochbedächtiges Ausschreiben, wie auf diesem Reichstag
alles zu christlicher Vergleichung sollte gehandelt werden, in
alle Welt erschollen und Ihre Majestät ohne Zweifel nicht
gerne von sich würden sagen lassen, daß solchem Ausschreiben
nicht nachzugehen sein sollte." Auch bat er den Kaiser, der=

selbe möchte seinen böswilligen Gegnern nicht so viel Gehör
und Einfluß gestatten.

Das Letztere fand nun leider! doch immer mehr statt.
Nach einigen Tagen nämlich, am 4. Juni, starb plötz=
lich zu Innsbruck des Kaisers Kanzler Gattinara. Der=
selbe war, wie schon früher erwähnt wurde, den Lutheranern
wohlgesinnt und hatte bisher dem übeln Einfluß der papisti=
schen Umgebung des Kaisers das Gegengewicht zu halten ge=
sucht. Er war schon kränklich in Italien, und man wollte
ihn daselbst zurücklassen mit dem Bemerken, das rauhe Klima
Deutschlands sei ihm nicht zuträglich. Aber er bestand trotz=
dem darauf, mit dem Kaiser nach Augsburg zu gehen. Er
wollte seinen Kaiser nicht dem übeln Einfluß der gewalt=
thätigen Partei preisgeben. Ein vertrauter Freund Gatti=
naras, Cornelius Scepper, erzählte zu Augsburg, „daß
Gattinara einst in Gegenwart vieler Vornehmen frei und
öffentlich bezeugt habe, er wünsche und bitte nichts mehr von
Gott, als daß der Kurfürst in Sachsen und seine Verwandten
bei dem Bekenntniß des Evangelii verharren und auf ein
christliches und freies Concilium noch ferner und mit aller
Macht zu dringen fortfahren möchten. Denn wo sie mit
Drohungen sich abschrecken und durch List und gute Worte
übertäuben und betrügen lassen sollten und die Sache nicht
gebührend und rechtmäßig in einem Concilio ausgemacht
würde, könnte er selbst kein ruhig Gewissen haben, so lange er
lebe, und würde immer im Zweifel stehen, wie man die Selig=
keit erlangen solle.“ Bald nach dem Tode Gattinaras brach
der Kaiser von Innsbruck auf. Der päbstliche Gesandte
Campegius zog mit bedeutend erhöhten Hoffnungen gen
Augsburg. Die Lutheraner waren um eine irdische Stütze
ärmer.

Am 15. Juni gegen Abend langte der Kaiser vor Augs=

burg an. Die sämmtlichen Reichsstände zogen ihm entgegen, stiegen, als sie des Kaisers ansichtig wurden, von den Pferden und gingen demselben zu Fuß entgegen. Der Kaiser und die hohen Personen in seiner Begleitung verließen ebenfalls die Pferde. Nur der päbstliche Gesandte und die Cardinäle von Salzburg und Trient blieben auf ihren Maulthieren sitzen. Der Kaiser reichte jedem Reichsfürsten die Hand zur Begrüßung. Als die Begrüßungsceremonien und =Reden vorüber waren, streckte der päbstliche Gesandte Campegius seine Hände aus, um den päbstlichen „Segen“ zu ertheilen. Der Kaiser und die ganze glänzende Versammlung sank auf die Kniee in den Staub, um mit gebührender Reverenz den „Segen“ des „heiligen Vaters“ zu empfangen. Nur sieben Fürsten blieben hochaufgerichtet stehen: der Kurfürst von Sachsen, sein Sohn der Kurprinz, der Markgraf von Bran= denburg, Ernst und Franz von Lüneburg, Philipp von Hessen und Wolfgang von Anhalt. Das waren die lutherischen Fürsten. Sie legten hier gleich bei der Ankunft des Kaisers die erste Probe ihres Bekennermuthes ab. Sie konnten ohne Verleugnung der erkannten Wahrheit sich keinen päbstlichen „Segen“ sprechen lassen. Campegius' Zorn gegen die luthe= rischen Fürsten war aber noch um einige Grade gestiegen.

Aber noch ein Kampf stand den Bekennern für diesen Tag bevor. Als alle Empfangsfeierlichkeiten beendet waren und die Fürsten sich entfernten, hieß der Kaiser die protestantischen Fürsten noch zurückbleiben und ließ ihnen eröffnen, sie sollten nun endlich das Predigen abstellen und der am folgenden Tage stattfindenden Frohnleichnamsprocession beiwohnen. Die Fürsten äußerten am folgenden Tage ganz richtig, daß der Kaiser zu dieser Forderung durch ihre papistischen Widersacher bewogen worden sei. Denn einmal war schon seit Jahren in Augsburg keine Frohnleichnamsprocession mehr gehalten

worden und sodann war es bei den Zusammenkünften der
Fürsten immer in das Belieben der Einzelnen gestellt, ob und
an welchen religiösen Feierlichkeiten sie sich betheiligen wollten.
Man war zuerst betreten über diese Forderungen des Kaisers.
Der Landgraf von Hessen ergriff das Wort und bat den
Kaiser, er möchte von seiner Forderung, das Predigen zu
unterlassen, abstehen. Bei ihnen würde nichts als das reine
Wort Gottes, wie es auch St. Augustinus ausgelegt habe,
verkündigt. Der Kaiser erklärte mit vor Zorn geröthetem
Gesicht, er müsse auf seiner Forderung bestehen. Da war es
der alte Markgraf Georg von Brandenburg, der vor
den Kaiser hintrat und ausrief: „Ehe ich Gott und sein heiliges Evangelium verleugnen und einer falschen irrigen Meinung beipflichten sollte, wollte ich lieber sofort an dieser Stelle
vor Eurer Majestät niederknieen und mir den Kopf abschlagen
lassen." Der Kaiser war erstaunt und auch wohl etwas verwirrt durch diesen heiligen Ernst. Er fiel aus der Rolle, die
er für die Papisten spielen mußte, und entgegnete freundlich
in seinem niederländischen Dialect: „Löwer Fürst, nit Kopp
ab! nit Kopp ab!" Die lutherischen Fürsten sollten bis zum
nächsten Tage Bedenkzeit haben und ihre Entschließung am
nächsten Morgen mittheilen.

Am nächsten Morgen, an welchem die Procession gehalten
werden sollte, redeten natürlich die Fürsten wie Abends vorher.
Ausführlich legte der Markgraf von Brandenburg im Namen
der Anderen dar, warum sie nicht an der Frohnleichnamsprocession sich betheiligen könnten. „Weil es mit dem kaiserlichen Befehl das Ansehen habe, daß sie die Procession als
gottesdienstliche Handlung durch ihre Gegenwart bil-
ligen und bestätigen sollten, hingegen Christus dergleichen
nichts befohlen habe und in der ganzen heiligen Schrift Alten
und Neuen Testaments gar nichts deshalb zu finden sei: so sei

ihnen auch pur unmöglich, dergleichen Anforderungen mit
gutem Gewissen Folge zu leisten. Sie würden nicht nur
höchst leichtsinnig, verwegen und frevenlich handeln, wenn sie
solche Dinge, die blos von Menschen eingesetzt seien, den gött=
lichen Rechten und Befehlen vorziehen wollten: sondern ihre
Widersacher würden auch, wofern sie die angestellte theatralische
Procession und Umtragung des Leibes Christi mit ihrer Gegen=
wart billigten und gleichsam rechtfertigten, unerachtet dieselbe
sowohl dem klaren Wort Gottes ganz augenscheinlich und
geradenwegs entgegen stehe als auch der öffentlichen Lehre
ihrer Kirche und den üblichen Ceremonien derselben zuwider=
laufe, solch ihr Nachgeben gewiß dafür ausdeuten, als hätten
sie, was bisher in ihren Landen von der heiligen Schrift ge=
lehrt worden, nun selbst mit ihrem Exempel und mit der That
wieder umgestoßen und widerrufen." Zuletzt fügte der Mark=
graf noch für seine Person bei, er verspreche und gelobe, in
allen weltlichen Dingen die bisher bewiesene Treue auch ferner
zu beweisen und Leib und Leben für den Kaiser einzusetzen,
aber „in diesen Gott selbst betreffenden hohen Dingen werde
er durch Gottes unwandelbaren Befehl gezwungen, alle mensch=
liche Verordnung bei Seite zu setzen und nicht zu achten, weil
geschrieben stehe: man müsse Gott mehr gehorchen als den
Menschen. Er habe sich daher auch fest entschlossen, über dem
Bekenntniß der Lehre, von welcher er versichert sei, daß sie die
Stimme des Sohnes Gottes und die unbewegliche und ewige
Wahrheit sei, keine Gefahr und auch den Tod selbst nicht zu
scheuen, nachdem er gehört habe, daß alle, die bei der wahren
Religion zu beharren gemeint seien, dergleichen betreffen solle."
Der Kaiser sah ein, daß hier mit Befehlen nichts auszu=
richten sei. Er sprach nur noch die Hoffnung aus, die
lutherischen Fürsten würden sich dennoch der Procession nicht
entziehen. Die Hoffnung, welche auch wohl kaum mit großer

Zuversicht ausgesprochen wurde, ging aber nicht in Erfüllung. Vielmehr geschah, was Spalatin berichtet: „Unsere Fürsten sind heimgezogen und haben den Kaiser mit anderen Kur- und Fürsten die Procession halten lassen. Kaiserliche Majestät trug (bei der Procession) ein brennend Licht wie die Andern, ging barhäuptig und währte die ganze Procession bis um Ein Schlag (bis ein Uhr)."

In Bezug auf das Predigen wurde noch am 17. und 18. Juni unterhandelt. Die lutherischen Fürsten stellten dem Kaiser vor, wie ungehörig es sei, daß sie, die das „heilige Evangelium lauter und rein und wie es von den bewährtesten Vätern gelehrt worden sei" verkündigten, mit Predigen schweigen sollten, während der Widerpart frei reden dürfe, der viele Lehren und Gebräuche wider die heilige Schrift und die bewährtesten Väter eingeführt habe, so „daß auch die ganze Welt und alle frommen Leute vor dieser Zeit schon jämmerlich darüber geschrieen" hätten. Sie machten ferner geltend, das Verbot der Predigten komme einer Verdammung ihrer Sache vor dem Verhör gleich, und sie bedürften ihrer Predigten als einer Nahrung für ihre Seelen. Endlich wurde eine Art Vergleich getroffen. Es sollte beiden Theilen, auch den papistischen Predigern, das Predigen untersagt werden. Der Kaiser selbst solle einige Prediger ernennen, die aber nur den Text des Evangeliums ohne Auslegung zu verlesen hätten. Als einer, der nicht predigen dürfe, wurde noch besonders Dr. Faber, der durch seine heftigen Schmähungen gegen die Lutheraner bekannt war, genannt.

„Dies war nun — bemerkt ein Geschichtsschreiber — der erste muthige Widerstand, den die protestantischen Fürsten auf diesem Reichstage den Zumuthungen ihrer Gegner thun mußten. Sie bewiesen eine Standhaftigkeit, die bei ihrem äußerlichen Unvermögen und ihrer kleinen Anzahl unerklärlich

ober wenigstens unklug gewesen wäre, wenn nicht Vertrauen
auf Gott und die Ueberzeugung von der Rechtmäßigkeit ihrer
Sache ihren Muth gestärkt hätte. Sie hatten aber auch den
ersten Beweis bei dieser Gelegenheit erhalten, wie wenig sie
sich auf die gelinden Ausdrücke des kaiserlichen Ausschreibens
verlassen dürften.".

Viertes Kapitel.

Verabfassung des Bekenntnisses.

Als der Kurfürst von Sachsen am 3. April von Torgau
aufbrach, waren in seinem Gefolge die Theologen Luther,
Melanchthon, Jonas, Spalatin und Agricola von
Eisleben. Luther aber ging auf den Wunsch des Kurfürsten
nicht mit nach Augsburg. Er war ja noch in des Pabstes
Bann und des Kaisers Acht. So hielt es der Kurfürst nicht
für gerathen, Luther mit auf den Reichstag zu bringen. Man
würde denselben dem Schicksale Hußens ausgesetzt und den
Kaiser von vornherein gegen die Sache der Bekenner aufge=
bracht haben. So ließ der Kurfürst als er am 23. April
von Coburg nach Augsburg aufbrach, Luther auf der Feste
Ehrenburg nahe bei Coburg in gutem Gewahrsam zurück.
Coburg war die südlichste Grenzstadt der kursächsischen Lande.
Man wollte Luther so nahe als möglich haben, um ihn in
allen schwierigen Fragen zu Rathe ziehen zu können.

Dem Kurfürsten war gerathen worden, dem Kaiser über
die obwaltenden Religionsstreitigkeiten einen kurzen einheit=
lichen Bericht abzustatten. Melanchthon wurde mit der Ver=
abfassung dieses Berichts auf Grund der dem Kurfürsten zu
Torgau überreichten Schriftstücke beauftragt. Derselbe machte
sich schon zu Coburg an die Arbeit, und zu Augsburg hatte

er auch noch Zeit genug, da die Ankunft des Kaisers sich noch
um fast zwei Monate verzog. So wurde Melanchthon
der Verfasser der Augsburgischen Confession. Am
11. Mai übersandte der Kurfürst Melanchthons Arbeit durch
einen besonderen Boten an Luther zur Prüfung und Begut=
achtung. Das kurfürstliche Begleitschreiben lautete also:
„Unsern Gruß zuvor, Ehrwürdiger und Hochgelahrter, lieber
Andächtiger. Nachdem ihr und andere unsere Gelehrten zu
Wittenberg auf unser gnädiges Ansinnen und Begehren die
Artikel, so der Religion halber streitig sind, in Verzeichniß ge=
bracht: als wollen wir euch nicht bergen, daß jetzt allhie Ma=
gister Philippus Melanchthon dieselbigen weiter übersehen und
in eine Form gezogen hat, die wir euch hiebei übersenden.
Und ist unser gnädiges Begehren, ihr wollet dieselben weiter
übersehen und zu bewegen unbeschwert sein. Und wo euch
dermaßen gefällig oder etwas davon oder dazu zu setzen be=
dächte: das wollet also daneben verzeichnen, damit man als=
denn auf Kaiserlicher Majestät Ankunft, der wir uns in Kürze
versehen, gefaßt und geschickt sein möge, und uns dieselbigen
alsdenn bei diesem Boten wohl verwahrt und verpetschaft
unverzüglich wiederum anherschicken.“ Darauf antwortete
Luther: „Gnade und Friede in Christo, unserm HErrn.
Durchlauchtigster, hochgeborner Fürst, gnädigster Herr! Ich
habe Magister Philippsen Apologia*) überlesen: die gefällt
mir fast (das heißt, sehr) wohl, und weiß nichts daran zu
bessern noch zu ändern, würde sich auch nicht schicken; denn
ich so sanft und leise nicht treten kann. Christus, unser
HErr, helfe, daß sie viel und große Frucht schaffe, wie wir
hoffen und bitten, Amen.“ Melanchthon arbeitete noch wei=
ter an der Confession, nun auch unter dem Beirath von

---

*) Das heißt Vertheidigungsschrift. So nannte man da=
mals die Augsburgische Confession.

Brenz und Regius und anderer Theologen, die sich nach und nach in Augsburg eingefunden hatten. Von den Veränderungen und Zusätzen wurde Luther fortwährend Nachricht gegeben.

Die Confession war zunächst nur im Namen und Auftrag des Kurfürsten von Sachsen verfaßt. Aber auf das Betreiben namentlich des Markgrafen Georg von Brandenburg beschlossen die übrigen lutherischen Stände, die von Melanchthon für Kursachsen entworfene Confession auch zu der ihrigen zu machen. In gemeinschaftlichen Conferenzen wurden nun die einzelnen Artikel der Confession noch einmal berathen und besprochen. Hierauf bezieht sich wohl Melanchthon, wenn er in Bezug auf die Augsburgische Confession schreibt: „Ich habe nichts für mich gethan. In Gegenwart der Fürsten, anderer Oberhäupter und der Prediger ist der Reihe nach über die einzelnen Sätze gesprochen worden."

Das Bekenntniß besteht aus 28 Artikeln. Die ersten 21 legen die reine Lehre des Wortes Gottes dar, die letzten 7 handeln von den papistischen Mißbräuchen. welche die Lutheraner als dem Worte Gottes widerstreitend abgeschafft hatten. Von den 21 eigentlichen Lehrartikeln bilden wiederum die ersten 17 ein gewisses Ganzes, welches die ganze Lehre nach den Hauptpunkten umfaßt. Die 4 letzten „Vom freien Willen", „Von Ursach der Sünden", „Vom Glauben und guten Werken", „Vom Dienst der Heiligen" bilden mehr einen Anhang und sind noch besonders gegen papistische Verleumdungen gerichtet. Vorrede und Beschluß der Confession sind in dem damals üblichen diplomatischen Styl von dem kursächsischen Kanzler Dr. Brück verfaßt.

Fünftes Kapitel.

Beginn des Reichstags und Weigerung des Kaisers, das Bekenntniß der Lutheraner verlesen zu lassen.

Am 20. Juni, einem Montage, wurde der Reichstag, auf dessen Ausgang ganz Deutschland mit der gespanntesten Erwartung sah, eröffnet. In der Kathedrale wurde zunächst eine feierliche Messe gehalten. An die Messe schloß sich eine Rede des päbstlichen Nuntius Pimpinelli, in welcher derselbe die Lutheraner aufs unverschämteste angriff. Er sagte, die Deutschen seien schlimmer als die Türken. Letztere gehorchten doch einem Herrn, in Deutschland aber gebe es Leute, die niemand gehorchen wollten. Die Türken hielten doch ihren alten Glauben fest, viele Deutsche aber wollten klüger sein, als ihre Vorfahren. Das führte Pimpinelli aus nicht etwa in Bezug auf die greuliche Pabstwirthschaft in Deutschland, auch nicht blos in Bezug auf den Bauernaufruhr und die Schwärmereien der Wiedertäufer, sondern diese Auslassungen waren auf die lutherischen Stände, die, ohne an dem „Gottesdienst" theilzunehmen, in der Kirche anwesend waren, gezielt. Jedermann fühlte das auch. Selbst einige papistische Fürsten und namentlich der Kurfürst von Mainz waren über diesen groben und unverschämten Angriff auf die Lutheraner unwillig. Daß der päbstliche Nuntius solche Aeußerungen zu thun wagte, zeigte aber deutlich, welcher Geist auf dem Reichstage herrschen wolle.

Nach der Messe wurde auf dem Rathhause die erste Reichstagsversammlung gehalten. Zwei Gegenstände hauptsächlich sollten auf dem eröffneten Reichstage verhandelt werden. Einmal sollte darüber berathen und Beschluß gefaßt werden, wie man nachdrücklich den Krieg gegen die Türken fortsetzen könne. Sodann aber sollte den Spaltungen in der

Religion ein Ende gemacht werden. Was das Letzte betrifft,
so ließ der Kaiser zwar vortragen, es sollten die Religions=
sachen in Liebe und Freundlichkeit behandelt werden. Aber
in demselben Vortrage beschwerte sich der Kaiser nicht nur
darüber, daß das Wormser Edict nicht überall ausgeführt
worden wäre, sondern stellte auch die unwahre Behauptung
auf, daß alle Reichsstände in das Wormser Edict gewilligt
hätten, und die Nichtausführung desselben sei die Ursache des
Bauernkrieges und des Aufruhrs der Wiedertäufer gewesen.
Die lutherischen Stände waren wiederum nicht mit Namen
genannt, aber sie — das war klar — sollten sich vornehmlich
getroffen fühlen.

Der Kurfürst von Sachsen ließ noch an demselben Abend
seine Glaubensgenossen zu sich bitten und ermahnte sie zu
christlicher Standhaftigkeit. Am folgenden Tage, Dienstag
früh, hieß er jedermann von sich gehen, schloß sich in sein
Kämmerlein ein und betete heiß und lange. Er hielt auch
nochmals die Hauptpunkte der zu bekennenden Lehre gegen
Gottes Wort, um durch die lebendige Einsicht in die Ueber=
einstimmung derselben mit der heiligen Schrift zum Bekennt=
niß recht muthig zu sein. Er wollte ja nicht blos die Theo=
logen von dem wahren Glauben Rechenschaft geben lassen,
sondern er für seine Person wollte auch mit ganzem
Herzen seinen HErrn Christum bekennen.

Man war überein gekommen, die Religionssache zuerst in
den Reichstagssitzungen zu behandeln. Der Kaiser bestimmte,
am 24. Juni sollten die lutherischen Stände das, was sie
vorzubringen wünschten, schriftlich überreichen. So versam=
melten sich die lutherischen Stände am 23. Juni (Donnerstag)
beim Kurfürsten von Sachsen. Das Bekenntniß wurde noch
einmal vorgelesen und dann von Allen unterschrieben. Als
der Fürst Wolfgang von Anhalt die Feder zur Unter=

schrift ansetzte, sprach er zu den Umstehenden: „Ich habe
manchen schönen Ritt Andern zu Gefallen gethan, warum
sollte ich denn nicht, wenn es vonnöthen, auch meinem
HErrn und Erlöser JEsu Christi zu Ehren und Gehorsam
mein Pferd satteln und mit Darsetzung meines Leibes und
Lebens zu dem ewigen Ehrenkränzlein ins himmlische Leben
eilen?'

Mit einem durch Gottes Gnade festen und bekenntniß=
freudigen Herzen gingen die lutherischen Fürsten am folgen=
den Tage, Freitag Nachmittag, in die Reichsversammlung.
Sie wollten bekennen, aber — man wollte sie
nicht bekennen lassen. Die Gegner fürchteten dieses
öffentliche Bekenntniß. Campegius und die päbstlichen
Theologen wußten ganz gut, daß Mancher in der Reichs=
versammlung nur deshalb ein Gegner der Lutheraner war,
weil ihm die greulichsten Dinge über dieselben gesagt worden
waren. Ein kaiserlicher Secretär Baldes hatte noch einige
Tage vorher Melanchthon erklärt: „Die Spanier wüßten
nicht anders als daß die Lutheraner von der heiligen Drei=
faltigkeit, von Christo und von der heiligen Mutter Gottes
ärgerliche und gottlose Dinge lehrten. Sie glaubten dem=
nach Gott einen größeren Dienst zu thun, wenn sie einen
Lutheraner erwürgten, als wenn sie einen Türken todt=
schlügen." Auch in Deutschland waren durch die Bemühun=
gen der papistischen Pfaffen namentlich auch an den Höfen
der Fürsten über die Lutheraner noch immer die gröbsten
Lügen im Umlauf. Man sah voraus, dieses Lügengewebe
würde ein Loch bekommen, wenn die Lutheraner Gelegenheit
erhielten, ein öffentliches Bekenntniß ihrer Lehre abzulegen.
Liest man die gerade über diese Reichsversammlung ziemlich
ausführlichen Berichte aus jener Zeit, so kommt man zu der
Ueberzeugung: der Kaiser, namentlich durch den

päbstlichen Legaten und seinen Bruder König
Ferdinand beeinflußt, wollte eine öffentliche
Verlesung des lutherischen Bekenntnisses ganz
verhindern. Der unverschämte Eck schalt noch zwei Jahre
später darüber, daß man den Protestanten es verstattet habe,
ihre Confession vor Kaiser und Reich zu verlesen.

Zunächst erschien an diesem Nachmittage der päbstliche
Legat und hielt eine lange Rede. Es ging natürlich nicht
ohne beißende Bemerkungen über die Lutheraner ab. Er
klagte, das Schifflein Petri (er meinte die Kirche des Pabstes) sei noch niemals in so großer Gefahr gewesen als gerade jetzt. Dahin hätten es einige böse und verkehrte Menschen gebracht. Das verursache dem „heiligen Vater" gar
großen Kummer. Nachdem diese Rede von dem Kurfürsten
von Mainz beantwortet war, traten die lutherischen Stände
zusammen, um ihre Confession vor den Reichstag zu bringen.
Aber der Kaiser wollte, daß zunächst östreichische Gesandte,
welche um Hülfe wider die Türken baten, vorgelassen würden.
Die Vorbringung der langen und wohlbekannten Klagen
nahm lange Zeit in Anspruch. Endlich traten die Gesandten ab. Die lutherischen Stände erhoben sich wiederum und
baten durch Dr. Brück, ihr Bekenntniß jetzt verlesen zu dürfen. Doch der Kaiser ließ ihnen nun erwidern, zu einer Vorlesung des Bekenntnisses sei es bereits zu spät. Sie möchten
ihm das Bekenntniß nur überreichen, er werde es dann über-
denken. Es war leicht einzusehen, daß, wenn man dem Begehren des Kaisers nachgab, die öffentliche Vorlesung nie
mehr stattfinden werde. So hielten die Bekenner durch Dr.
Brück ferner an und führten aus, „sie würden durch ihre Miß-
günstigen wegen des Glaubens und was dem anhängig, bei
Ihrer Majestät, auch andern inner- und außerhalb des
Reichs ausgetragen, als ob sie solche Artikel, die wider Gott

und sein heiliges Evangelium wären, in ihren Landen und
Gebieten predigen ließen. Damit nun Ihro Majestät und
männiglich, der zugegen wäre, vernehmen möchte, daß solche
Auflage ihnen zu eitlen Unschulden geschehe: so erforderte
ihre hohe unvermeidliche Nothdurft, Ihre Majestät nochmals
unterthäniglich in aller Demuth und um Gottes willen zu er=
suchen, angeregte Artikel zu hören." Der Kaiser weigerte
sich abermal, die Verlesung des Bekenntnisses zu gestatten.
Zum dritten Mal erbaten sich die lutherischen Stände Gehör,
„da dies Sachen wären, welche des Kurfürsten und der
übrigen Fürsten Seel und Eid belangten, so sei nochmals zu
Ihro Majestät ihr unterthänigst flehentliches Suchen und
Bitten, Ihro Majestät wollten sie um Gottes willen gnädig=
lich erhören." Endlich willigte der Kaiser ein, die Verlesung
der Confession am folgenden Tage vor sich gehen zu lassen,
aber nicht in dem Saale des Rathhauses, in dem sonst die
Sitzungen gehalten wurden, sondern in der viel kleineren
Kapellstube des bischöflichen Palastes.

Sechstes Kapitel.

Uebergabe des Bekenntnisses.

Am 25. Juni, einem Sonnabend, Nachmittags 3 Uhr
versammelten sich die sämmtlichen Fürsten und Stände in der
kaiserlichen Herberge im bischöflichen Palast, um das Bekennt=
niß der Lutheraner anzuhören. Die zur Vorlesung bestimmte
Kapellstube konnte ungefähr 200 Personen fassen. Es hatten
sich viel mehr eingedrängt. Auf Befehl des Kaisers aber
mußten sich alle entfernen, die nicht Mitglieder der Reichs=
versammlung waren. Der Kurfürst von Sachsen erklärte,
daß er und seine Glaubensgenossen bereit seien, ihr Bekennt=

3

niß mitzutheilen. Zugleich erhoben sich die andern lutherischen Fürsten. Sie hatten vorher ausgemacht, während der Verlesung ihres Bekenntnisses zu stehen. Der Kaiser jedoch forderte sie auf, sich wieder zu setzen.

Darauf traten die beiden kursächsischen Kanzler Dr. Brück und Dr. Bayer in die Mitte des Saales. Dr. Brück hielt das lateinische, Dr. Bayer das deutsche Exemplar in der Hand. Der letztere war zum Vorlesen bestimmt. Aber da wurde noch einmal ein Versuch gemacht, die Wirkung des gefürchteten Bekenntnisses abzuschwächen. Der Kaiser, jedenfalls wieder von den nie ruhenden papistischen Gegnern beeinflußt, verlangte, daß das lateinische Exemplar vorgelesen werde. Viele Anwesende waren des Lateinischen nicht dermaßen kundig, daß sie alles Vorgelesene sogleich hätten verstehen können. Aber der Kurfürst von Sachsen erhob gegen die Forderung des Kaisers bescheiden Einwand. Er sagte: „sie seien auf deutschem Grund und Boden, er hoffe demnach, Ihre Majestät werde auch die deutsche Zunge erlauben." Der Kaiser gab nach. Und nun hub Dr. Bayer an, die Confession mit lauter gemessener Stimme zu verlesen, so daß er fast 2 Stunden dazu brauchte. Der Zweck der Papisten, das Bekenntniß bei seiner Vorlesung vor möglichst wenig Ohren kommen zu lassen, wurde auch nicht ganz erreicht. Denn Tausende standen im Hofe unter den geöffneten Fenstern und konnten fast jedes Wort, das gelesen wurde, verstehen. Lautlose Stille herrschte nicht nur im Saale, sondern auch in dem Hofe.

Nach beendigter Vorlesung ließ der Kaiser durch seinen Sprecher, den Pfalzgrafen Friedrich, erklären, er habe das Bekenntniß „gnädiglich vernommen". „Dieweil aber das ein trefflicher, hochwichtiger und merklich großer Handel und deshalb wohl zu bedenken sei", so wolle er der Sache weiter nach-

denken und wenn er zu einem Entschluß gekommen sei, den=
selben den Protestanten mittheilen. Die Letzteren dankten
dem Kaiser sammt den Ständen für gütiges Gehör und baten
noch einmal um ernste Erwägung ihres Bekenntnisses.
Dr. Brück wollte hierauf dem kaiserlichen Secretär Alexander
Schweiß beide Exemplare der Confession, das lateinische und
das deutsche, einhändigen. Der Kaiser aber griff zu und
nahm beide Exemplare selbst in Empfang. Das deutsche
übergab er dem Kurfürsten von Mainz zur Aufbewahrung
im Reichsarchiv, das lateinische behielt er für sich. Nachdem
der Kaiser noch das Verlangen ausgesprochen hatte, die ver=
lesene Confession möchte nicht ohne seinen Willen zum Druck
befördert werden, hob er die Reichstagssitzung auf. Kaiser
Carl V. hat während seiner langen und sturmbewegten Re=
gierung viel Reichstagssitzungen geschlossen. Am 25. Juni
zwischen 6 und 7 Uhr Nachmittags schloß er aber die, an
welche die lutherische Kirche bis an den jüngsten Tag denken
wird. „Das war ein Tag", schreibt Spalatin, „darauf eins
der allergrößesten Werke vorgegangen, die auf Erden jemals
geschehen. Ein Tag, darauf ein Bekenntniß in Latein und
Deutsch, mit göttlicher Schrift im Grunde und mit solchem
Glimpf verfasset, verlesen, dergleichen in tausend Jahren, ja
dieweil die Welt gestanden, nicht gesehen." Luther jubelte:
„Mich freut nur, in einer Zeit zu leben, da Christus von so
theuren Bekennern in einer so ansehnlichen Versammlung
und durch diese herrliche Confession öffentlich verkündigt und
der Spruch ist wahr worden: ‚Ich rede von deinen Zeugnissen
vor Königen.'"

Siebentes Kapitel.

Eindruck der Augsburgischen Confession.

Gewaltig war der Eindruck, den das verlesene Bekenntniß auf die meisten Anwesenden machte. Die bekannte göttliche Wahrheit bewies ihre gewaltige Kraft an den Herzen, wenn leider bei Vielen durch Schuld des widerstrebenden bösen Willens auch nur zeitweilig.

Wir haben schon vorhin erwähnt, daß nicht alle Feinde der Protestanten böswillige Gegner waren. Die papistischen Pfaffen hatten die Lutheraner als Leute geschildert, die den ganzen christlichen Glauben umwürfen und ärger seien als die Türken und Mameluken. Um so mehr war man nun erstaunt, als man aus dem Bekenntniß ein ganz Anderes vernahm.

So hörten denn zunächst die meisten Anwesenden bei der Verlesung des Bekenntnisses mit der größten Aufmerksamkeit zu. Spalatin berichtet: „Kaiserliche Majestät und König Ferdinandus, die Herzöge von Baiern, auch etliche Bischöfe haben sehr fleißig zugehört." Eine Nachricht, die in Bezug auf den Kaiser das Gegentheil behauptet, ist nicht genügend beglaubigt. Der dem Pabst sonst treu ergebene Herzog Wilhelm von Baiern redete nach Schluß der Versammlung den Kurfürsten von Sachsen ganz freundlich an und sprach es offen aus, so habe man ihm von dieser Sache und Lehre zuvor nicht gesagt. Dasselbe äußerte er auch gegen Dr. Eck mit dem Bemerken, man werde diese Lehre doch widerlegen können. Als Dr. Eck darauf erwiderte: „mit den Vätern zwar getraue er sichs, die lutherische Lehre zu widerlegen, aber nicht mit der Schrift": da wandte sich der Herzog unwillig ab und rief aus: „So höre ich wohl, die Lutherischen sitzen in der Schrift und wir Pontificii (An-

hänger des Pabstes) daneben!" Der Bischof Stadion
von Augsburg rief aus: „Das Vorgelesene ist wahr,
ist die lautere Wahrheit, wir können es nicht
leugnen!" Auch der Erzbischof von Salzburg konnte
einem Theil des Bekenntnisses seine Zustimmung nicht versagen. Nur das fand er ärgerlich und unerträglich, „daß ein
elender Mönch sie alle reformiren und unruhig machen wolle".
Herzog Heinrich von Braunschweig, unter den Fürsten einer
der heftigsten Gegner der Reformation, lud bald nach der
Sitzung Melanchthon zu Tische und bekannte ihm, „gegen die
Artikel von beiderlei Gestalt des Nachtmahls, von der Priesterehe und den Speisesatzungen könne er nichts einwenden".

Hatte schon so auf die Feinde das Bekenntniß der Wahrheit einen mächtigen Eindruck gemacht, wie viel mehr mußte
dies der Fall sein bei denen, welche an der papistischen Lehre
schon theilweise irre geworden und mit einem nach der Wahrheit fragenden Herzen auf den Reichstag gekommen waren.
Solche fielen zum Theil sofort, zum Theil nicht lange darnach der Wahrheit zu. Noch während des Reichstags traten die Vertreter der Reichsstädte Heilbronn, Kempten,
Windsheim, Weissenburg und Frankfurt am Main
der Confession förmlich und öffentlich bei. Auch die Herzöge
Erich von Braunschweig und Barnim von Pommern, ferner
die Grafen Georg Ernst von Henneberg und Wilhelm von
Nassau haben den ersten Anstoß zu ihrem späteren Uebertritt
zur Reformation durch das Anhören des Bekenntnisses, das
am 25. Juni 1530 öffentlich verlesen wurde, bekommen.

Mit Recht schrieb daher Luther von Coburg aus auf die
Klage des Kurfürsten, daß den lutherischen Predigern wäh-
rend des Reichstages das Predigen untersagt sei: „Die
Widersacher meinen, sie habens fast wohl troffen, daß sie das
Predigen haben durch Kaiserl. Maj. Gebot verbieten lassen,

sehen aber dagegen nicht, die elenden Leute, daß durch die
schriftliche Bekenntniß überantwortet mehr gepredigt ist, denn
vielleicht sonst zehn Prediger hätten mögen thun. Ist's nicht
eine feine Klugheit und großer Witz, daß Magister Eisleben
und andere müssen schweigen, aber dafür tritt auf der
Churfürst zu Sachsen sammt anderen Fürsten
und Herrn mit der schriftlichen Bekenntniß und
predigen frei vor Kaiserlicher Majestät und dem
ganzen Reich unter ihre Nasen, daß sie es hören
müssen und nichts dawider können reden? Ich
meine ja, das Verbot der Predigten sei damit wohl gerochen.
Sie wollen ihre Diener nicht lassen den Predigern zuhören,
müssen aber selbst wohl Aergers (wie sie es heißen) von gro=
ßen Herren hören, und verstummen. Christus schweiget ja
nicht auf dem Reichstag; und sollten sie toll sein, so müßten
sie mehr aus der Bekenntniß hören, denn sie in einem Jahr
von den Predigern gehört hätten. Also gehts, da St. Pau=
lus sagt: Gottes Wort will doch ungebunden sein. Wirds
auf der Kanzel verboten, so muß mans in den Palästen hören.
Müssens arme Prediger nicht reden, so redens doch große
Fürsten und Herren, und Summa, wenn alles schweigt, so
werden die Steine schreien, spricht Christus selbst.“

Der Papist Cochläus klagte später, daß durch die Augs=
burgische Confession so viele Fürsten und Städte des Reichs
vom Pabst abgefallen seien. Und wie stand es mit Kaiser
Carl selbst? Ist nicht vielleicht durch die Confession, nach
der er so eifrig die Hand ausstreckte, ein Stachel in sein Herz
gekommen, den er nicht wieder ganz los werden konnte? Er
war durch und durch Politiker und hat sich der Reformation
nie hold bewiesen. Aber es ist mehr als wahrscheinlich, daß
in seinen letzten Lebensstunden die evangelische Wahrheit sei=
ner mächtig geworden und er im Glauben an die lutherische

Rechtfertigungslehre gestorben ist. Bartholomäus Car-
ranza, Erzbischof von Toledo, welcher dem Kaiser auf seinem
Todtenbette beistand, wurde auf Befehl der päbstlichen In-
quisitoren als Ketzer gefangen gesetzt. Ein Gleiches wider-
fuhr dem ehemaligen Beichtvater des Kaisers Constantin
de la Fuente. Auch König Ferdinand wurde später
viel milder gegen die Lutheraner. Ja, er ließ den Prinzen
Maximilian meist unter Lutheranern erziehen, so daß ihm der
Pabst 1559 bittere Vorwürfe machte.

Achtes Kapitel.
Die papistische sogenannte Confutation.

Am 25. Juni war, wie wir gesehen haben, das herrliche
Bekenntniß unserer Väter verlesen worden. Die papistischen
Stände hielten nun Rath, wie man weiter mit den Lutheranern handeln solle. Eigentlich hätten nun auch die papistischen Stände ein Bekenntniß ihres Glaubens überreichen
sollen. In dem kaiserlichen Ausschreiben hatte es geheißen:
„eines jeglichen Standes Gutbedünken, Opinion und
Meinung" solle gehört werden. Auch die Protestanten hatten
schon früher und nun wieder in der Vorrede zu der Confession
die Erwartung ausgesprochen, daß „die andern (nämlich
papistischen) Kurfürsten, Fürsten und Stände dergleichen
gezwiefachte schriftliche Uebergebung ihrer Opinion und Meinung in Latein und Deutsch jetzt auch thun werden". Aber
die papistischen Theologen erklärten, die Uebergabe eines Bekenntnisses von ihrer Seite sei unnöthig, „weil sie bei der
alten Lehre blieben". Und das war ganz klug. Einmal
wäre es schwer gewesen, selbst wenn man den „unfehlbaren"
Pabst zur Stelle gehabt hätte, aus dem Gewirre der in der

Pabstkirche im Schwange gehenden Menschenmeinungen ein
Bekenntniß zusammenzustellen. Sodann hätte ein so zu-
sammengestelltes Bekenntniß, das fühlte man wohl, es nicht
ertragen können, in das Licht des Wortes Gottes gestellt zu
werden. Endlich wollten die Papisten ja auch in diesem ganzen Handel die Richter spielen, die Lutheraner mitsammt dem
Worte Gottes sollten die Stellung der Verklagten einnehmen.

Aber was nun thun? Die papistischen Theologen, unter
ihnen besonders Eck, kamen auf ihren alten Rath zurück, man
solle sich mit den vom Pabst bereits verdammten Ketzern in
keine Disputationen mehr einlassen. Das Beste sei, zum
Schwerte zu greifen. „Man müsse die vergeblichen Worte
fahren lassen und die faulen Glieder mit dem kaiserlichen
Schwert abhauen." Der Erzbischof von Salzburg ließ sich
also vernehmen: „Entweder müssen wir sie haben, oder sie
haben uns; welches von beiden kommt uns zu?" Ein Fürst
spottete über die mit schwarzer Tinte geschriebene Confession
der Lutheraner und sagte: „Wären wir Kaiser, wir wollten
die rothen Rubriken dazu machen." Diesem fiel ein Anderer,
der zu den milder Gesinnten gehörte, ins Wort: „Herr, daß
Euch nur nicht da das Roth selber unter die Augen spritzt."
Es stand nun so: Der Kaiser und ein Theil der papistischen
Fürsten wollten noch keine Gewalt anwenden. Theils hielten
sie die Anwendung von Gewalt noch nicht für räthlich, theils
war auch ihr Gewissen von dem Recht der protestantischen
Sache erfaßt. So wurde denn beschlossen, das Bekenntniß
der Protestanten einer Anzahl papistischer Theologen zur
Untersuchung und Widerlegung zu übergeben. Unter diesen
Theologen waren die heftigsten Feinde Luthers: Eck, Faber,
Cochläus, Wimpina und Andere. Mit großem Eifer machte
man sich an die „Widerlegung" (Confutation). Schon am
12. Juli glaubte man damit fertig zu sein und die Arbeit

den papiftifchen Ständen vorlegen zu können. Umfangreich
genug war die Arbeit, aber — gar übel gerathen. Man
war gar wenig auf das Bekenntniß der Protestanten ein-
gegangen, dagegen hatte man sich um so mehr der pöbel-
haftesten Schmähungen gegen Luther beflissen. Der Kaiser
und ein Theil der papistischen Stände wiesen am 15. Juli
diese Arbeit entschieden zurück als viel zu weitschweifig, ober-
flächlich und heftig. Man solle die „Widerlegung" bescheiz
dener und gründlicher einrichten. Spalatin berichtet: „Es
sind (der „Widerlegung") zum ersten Mal wohl 280 Blätter
gewest. Aber kaiserliche Majestät solls also gereutert (gesiebt)
und gerollt haben, daß nicht mehr denn 12 Blätter geblieben
sind." Luther schreibt treffend von dieser Arbeit der Gegner:
„Böse Zimmerleute machen viel Späne und verderben viel
gutes Holz, wie gottlose Schreiber viel gutes Papier be-
klecksen." Natürlich waren die papistischen Theologen von
der Aufnahme ihrer „Widerlegung" seitens ihrer eigenen
Leute nicht sehr erbaut. Hatten sie doch selbst Scheltworte
von diesen hören müssen. Es ist ganz erklärlich, wenn Eck
in dieser Zeit äußerte, der Kaiser selbst sei Schuld daran, daß
man mit den Lutheranern nun so viel Mühe und Beschwerde
habe. Wenn der Kaiser dem Pabst gefolgt wäre und „beim
Einzug in Deutschland die Lutherischen mit dem Schwert
flugs und frisch angegriffen, einen nach dem andern geköpft,
so wäre der Sache wohl gerathen worden."

Am 3. August endlich hatte, auch nach der Meinung des
Kaisers, die „Widerlegung" eine solche Gestalt gewonnen,
daß man glaubte, sie öffentlich vorlesen zu können. Die Verlesung geschah durch den kaiserlichen Secretär Schweiß vor
den gesammten Reichsständen an demselben Ort, an welchem
vor 38 Tagen die Protestanten ihr Bekenntniß verlesen hatten,
in der Kapellstube der bischöflichen Wohnung.

Was für einen Eindruck machte diese Confutation auf die Protestanten? Melanchthon schreibt über dieselbe am 6. August an Luther: „Faber hat noch niemals kein so läppisch und ungeschicktes Buch geschrieben, daß die gemeldte Confutation nicht noch läppischer und ungeschickter sein sollte." Der spanische Abt Goncalo de Illescas schreibt, die Protestanten hätten die Confutation bei der Verlesung verlacht und verspottet. Gelacht und gespottet haben dieselben nun jedenfalls nicht, aber wohl haben sie Mühe gehabt, ernst zu bleiben bei den Schriftbeweisen, mit welchen die papistischen Theologen ihre Pabstlehren stützen wollten. So hatten sie als Beweis dafür, daß im Abendmahl den Laien nur das Brod und nicht auch der Kelch gereicht werden sollte, 1 Sam. 2, 36. angeführt. Hier wird von den Nachkommen Elis gesagt, daß dieselben, nachdem sie das Priesterthum verloren hatten, um ein Stück Brod betteln sollen. Daraus hatten die Meister der Confutation den Schluß gemacht: also müssen die Laien auch mit dem Brode allein im Sacrament zufrieden sein. Melanchthon schreibt weiter in dem eben erwähnten Briefe an Luther: „Die kaiserliche Rede*) sei zwar hart und fürchterlich genug gewesen; weil aber die Confutation so gar kindisch und läppisch gelautet, so hat man doch nach geendigter Verlesung ein großes Vergnügen bei der Sache bezeugt. . . . Alle Rechtschaffenen und Verständigen scheinen getroster und muthiger zu sein, nachdem sie gehört haben, wie so gar kindisch und läppisch die Confutation geschrieben sei."

Auch ein Theil der papistischen Fürsten muß bei der Verlesung der Confutation nicht gar freudig und zuversichtlich dreingeblickt haben. Melanchthon berichtet an Luther: „Die

---

*) Melanchthon meint die Rede, welche der Kaiser der Verlesung der Confutation voranschicken ließ.

Widersacher, die Verstand besitzen, sollen großen Unwillen
haben verspüren lassen, daß man dergleichen Lappereien
Kaiserlicher Majestät aufgedrungen." So war denn auch
keineswegs bei allen Gegnern der Eindruck, welchen das Bekenntniß der Lutheraner gemacht hatte, gänzlich verwischt.
Das zeigte sich besonders einige Tage nachher in einer Versammlung, in welcher ein Theil der papistischen Stände anwesend war. Der Bischof Stadion von Augsburg eröffnete
diese Versammlung mit einer Rede, in welcher er unter Anderem sagte: „Es sei höchst nöthig, daß man in dieser Sache
allen möglichen Fleiß, Vorsicht und Behutsamkeit anwende,
damit nichts unternommen noch beschlossen werde, so der heil.
Schrift entgegen oder sonst wider Recht und Billigkeit wäre.
Denn es sei nur allzuwahr und jedermann vor
Augen, daß die Bekenner der Lehre Lutheri keinen
einzigen Glaubensartikel angefochten oder zu
verletzen begehrt haben. Bei solcher Bewandtniß seien
aber auch alle christlich gesinnten Gemüther schuldig und verbunden, auf zureichende Mittel und Wege mit allem Fleiß zu
gedenken, wie die Ruhe und Einigkeit in der Kirche wieder
hergestellt, bestätigt und erhalten werden könne." Heftig
unterbrach ihn der Bischof von Salzburg Matthias Lang mit
den Worten: „Woher kommt Euer Liebden diese so schnelle
Veränderung und ganz unvermuthete Heiligkeit? Ich habe
ja wohl noch in frischem Angedenken, daß Euer Liebden ganz
anders von dieser Sache, noch vor kurzer Zeit, mit mir geredet
haben." Der Bischof von Augsburg erwiderte hierauf: „Ich
leugne nicht, daß ich in meinem Leben viel Böses und Straf-
bares begangen; gegenwärtige Zeit und Gelegenheit aber
dringet mich, aller Bosheit abzusagen, den schädlichen Lüsten
des Fleisches Abschied zu geben und ein anderes Leben anzu-
fangen. Und daß ich nicht verhalte, so ist vielleicht Euer

Liebden Leben nicht viel frömmer und beſſer, als meines.
Euer Liebden Vorſatz aber gegen den meinigen um ſo viel
ärger und ſchrecklicher, weil Dieſelben ihre Laſter mit größerer
Hartnäckigkeit zu entſchuldigen, die abgöttiſchen Mißbräuche
zu bemänteln und gottloſe Lehre zu vertheidigen und zu erhalten ſich bemühen. Gott bewahre mich, daß ich mich ja
einer ſolcher Gottloſigkeit nicht theilhaftig mache." Da fuhr
der Kurfürſt Joachim von Brandenburg auf und rief laut,
die Lutheraner hätten doch Glaubensartikel umgeſtoßen. Der
Biſchof von Augsburg wollte dieſe Artikel genannt wiſſen.
Joachim von Brandenburg antwortete: „Von den Lutheranern
werde die Lehre von der katholiſchen Kirche und der Anrufung
der Heiligen gänzlich verworfen und umgeſtoßen." Aber der
Biſchof ließ ſich nicht irre machen. Er erwiderte: „die Anrufung der Heiligen ſei kein Glaubensartikel, und die
katholiſche oder chriſtliche Kirche werde von den Lutheranern
keineswegs angefochten, ſondern nur die Mißbräuche, deren
ſo viele, ſo grobe und ſo gefährliche in der römiſchen Kirche
vorhanden ſeien, daß ſie niemand leugnen könne." Am Nachmittag deſſelben Tages wiederholten ſich dieſe Auftritte unter
den Päbſtlichen, ja dieſelben geriethen ſo an einander, daß es
beinahe zu Thätlichkeiten gekommen wäre.

Es iſt darum um ſo verwunderlicher, daß der Kaiſer erklären
ließ, er ſtimme mit der verleſenen Confutation überein; durch
dieſelbe ſei der Proteſtanten Bekenntniß widerlegt und er hoffe
zuverſichtlich, die Letzteren würden nunmehr zu der alten Religion zurückkehren. Es beweiſ't dies klar, wie wenig der
Kaiſer von geiſtlichen Dingen verſtand und wie völlig er in
den Händen der fanatiſch papiſtiſchen Partei war.

Die lutheriſchen Stände baten zunächſt um eine Abſchrift
der Confutation. Dieſelbe wurde ihnen verweigert mit dem
Bemerken, die Religionsſache ſei nun genugſam erwogen und

allbereit abgethan. Auch mit der Verweigerung der Abschrift handelte der Kaiser ganz nach dem Wunsch des päbstlichen Legaten Campegius. Derselbe hatte schon früher gerathen: „Er könne unter den gegenwärtigen Umständen nicht für gut erkennen, daß diese neue Lehre (so nannte er das Bekenntniß der Lutheraner) genau geprüft werde, weil es hitzigen, scharfsinnigen und unruhigen Köpfen (so nannte er die gelehrten und in heiligem Eifer entbrannten Bekenner der Wahrheit) niemals an Mitteln fehlen werde, ihre neuen Meinungen sehr wahrscheinlich zu machen... Er halte fürs Beste, daß man eine schriftliche Widerlegung der protestantischen Confession verfertigen und öffentlich ablesen lasse, um etwa die günstigen Vorurtheile, mit welchen Einige für dieselbe eingenommen seien, zu unterdrücken. Aber Exemplare von dieser Widerlegung sollten niemand mitgetheilt werden, damit sie keine Gelegenheit zu neuen Zänkereien gäben.“ Die papistischen Theologen fühlten es, daß sie den lutherischen nicht gewachsen seien. Der Jesuit Masenius bekennt selbst, die Weigerung von Seiten der Papisten, eine Abschrift ihrer Confutation den Protestanten zuzustellen, habe allerdings den Eindruck gemacht, als trauten sie ihrer Sache nicht. Und er setzt hinzu: „Es stehe fest, die Evangelischen brachten in ihrer Sache viel geübtere Männer zum Streit als die Katholischen, daß es demnach eben so gefährlich war, die Disputation aufzunehmen, als sie abzulehnen. Jene griffen ihre Gegner, die oft nicht mußten, wo man sie anfallen würde, allein mit der heiligen Schrift an; diese irreten in den Auslegern der Schrift, in den Schriften der Väter und den Beschlüssen der Concilien, wie auf einem weiten Felde, umher.“

Als die lutherischen Stände mit Bitten um eine Abschrift der Confutation noch ferner anhielten, ertheilte der Kaiser am 5. August den Bescheid, man wolle ihnen eine Abschrift ein-

bändigen, wenn sie zuvor eidlich versprechen wollten, gegen
dieselbe nichts zu schreiben und einzugeben, auch sie nicht durch
den Druck zu veröffentlichen.   Unter diesen Bedingungen
konnte den Protestanten eine Abschrift nichts nützen; so ver=
zichteten sie auch auf eine Ueberreichung derselben.   Das An=
sinnen des Kaisers, sich mit der gehörten Confutation „gleich
und einhellig zu halten", wiesen sie natürlich entschieden zurück.

Neuntes Kapitel.

Die Augsburgische Confession in Gefahr und aus der Gefahr errettet.

Als die lutherischen Stände es so entschieden abgelehnt
hatten, sich auf Grund der Confutation mit den Papisten zu
vereinigen, schien ihre Lage sehr gefährlich.   Der Kaiser war,
wie Melanchthon an Luther berichtete, sehr aufgebracht.   Die
eifrig papistische Partei erwartete nun wohl, daß der Kaiser
nunmehr endlich zu Gewaltmaßregeln greifen werde.   Der
Landgraf Philipp von Hessen reiste am 6. August heimlich
von Augsburg ab.   Theils war er ungeduldig geworden
durch den Gang der bisherigen Handlungen, theils aber auch
fürchtete er einen Anschlag gegen seine Person.   Aber noch
einmal gewann die friedlicher gesinnte Partei unter den Geg=
nern die Oberhand.   Es wurden neue Verhandlungen behufs
friedlicher Vergleichung eröffnet.   Drei Ausschüsse wurden
nach einander ernannt.   Die Verhandlungen des ersten Aus=
schusses erwiesen sich bald als erfolglos.   Auf der gegnerischen
Seite führte namentlich der fanatische Kurfürst von Branden=
burg das Wort.   Derselbe schloß seine Reden meistens mit
Drohungen.   Er rief einst dem Kurfürsten von Sachsen zor=
nig zu: „Wofern der Kurfürst Johannes von Sachsen die

angenommene neue lutherische Lehre nicht wiederum verlassen
wird, so werde erfolgen, daß kaiserliche Majestät ihn nicht
allein mit gewaffneter Hand angreifen und aller Würden,
Land und Leute entsetzen werde, ja gar des Lebens berauben:
sondern auch alle seine Unterthanen mit Weibern und Kin=
dern sich unterwürfig machen werde." Solche Drohungen
schadeten der Sache des Bekenntnisses nicht. Die lutherischen
Fürsten entgegneten einfach, um ein gutes Gewissen zu be=
halten, um nicht Seele und Seligkeit zu verlieren, müßten sie
schon Leib und Leben, Gut und Herrschaft in die Schanze
schlagen.

Es wurde aber bald, weil die Poltereien des Kurfürsten
von Brandenburg kaum Unterhandlungen gestatteten, ein zwei=
ter, engerer Ausschuß ernannt. „Etliche, der Sache ver=
ständige und zum Frieden geneigte Personen von beiden
Theilen" sollten die Verhandlungen behufs eines Ausgleichs
führen. Dieser engere Ausschuß bestand aus 14 Personen:
aus 2 Fürsten, 2 Juristen und 3 Theologen von jeder Seite.
Die papistischen Theologen waren Eck, Winpina, Cochläus;
die lutherischen Melanchthon, Schnepf und Brenz. Man
unterhandelte vom 16. bis 21. August.

Das war die gefährlichste Zeit für unsere
Augsburgische Confession. Ein Geschichtsschreiber
des vorigen Jahrhunderts sagt: „Noch niemals schien die
Hoffnung des Friedens zwischen den Protestanten und der
römischen Kirche so nahe bei ihrer Erfüllung zu sein, als so
lange dieser zweite Ausschuß seine Unterhandlungen fortsetzte.
Und niemals würde ein Friede so schädliche Folgen für die
Protestanten nach sich gezogen haben, als dieser, wenn er zu
Stande gekommen wäre. Wenn hier nicht die Regierung
einer höheren Hand anerkannt wird, so wird es unerklärlich
bleiben, daß von der Nachgiebigkeit der Protestanten damals

nicht ein bejferer Gebrauch gemacht worden ijt." Wer wurde
denn zu nachgiebig? Nicht die protejtantijchen Fürjten und
Stände. Nachgiebig und jchwach wurde Melanchthon, und
er, der Führer der lutherijchen Theologen zu Augsburg, machte
durch jeine zeitweilige Schwäche und Verzagtheit auch andere
Gottesgelehrte zeitweilig jchwach und verzagt.

Man verachte Melanchthon deshalb nicht! Bedenken wir,
wie gerade auf ihn der böje Feind damals alle feurigen Pfeile
abgejchojjen hat. Handelte es jich doch um die Fejtjtellung
und Aufrechterhaltung eines Bekenntnijjes, welches bis an
den jüngjten Tag ein Banner der Wahrheit für die Kirche
jein und dem Reiche des Satans fort und fort großen Ab=
bruch thun jollte. Wurde doch durch diejes Bekenntniß ein
helles Licht gegeben für die Erkenntniß, welche aus dem Reiche
der Finjterniß errettet. Wie wird aljo der Fürjt der Finjter=
niß die Diener Gottes, welche ihm jein Spiel verderben woll=
ten, zu Augsburg mit Zweifel und Kleinmuth angefochten
haben! Wie wird er ganz bejonders auf den von Natur
furchtjamen Melanchthon eingejtürmt jein! Melanchthon
jah Kaijer, Pabjt und die mächtigjten deutjchen Fürjten ver=
bündet, nöthigenfalls mit Waffengewalt die Länder der Pro=
tejtanten jich unterwürfig zu machen und unter Verjagung
aller Prediger des Evangeliums wieder unter die Tyrannei
des Pabjtes zu bringen. Dann würden auch die Nachkom=
men des Evangeliums gänzlich beraubt jein. All diejes
Elend jah Melanchthon im Anzuge, wenn man jetzt jich nicht
mit der Gegenpartei vergleichen könnte. So kam der Geijt
der Bangigkeit und Verzagtheit über ihn. Und dies hatte
die Folge, daß er bei den nun begonnenen Verhandlungen
zeitweilig mehr nachgab, als unbejchadet der Wahrheit ge=
jchehen konnte. Man hatte jich bald über jämmtliche Lehr=
artikel der Augsburgijchen Confejjion fajt gänzlich geeinigt,

aber nur — in den Ausdrücken, nicht in der Sache. Melanchthon ließ sich solche Ausdrücke gefallen, hinter welchen die Gegner ihre falsche Lehre verbergen konnten. Die Gegner dachten nicht daran, ihre falschen Lehren fahren zu lassen. Schon am 6. Juli war in Rom beschlossen worden, man wolle nichts nachgeben und in nichts willigen. Und die papistischen Theologen hatten es auch offen ausgesprochen, sie ließen sich in Unterhandlungen ein nur in der Hoffnung, daß die Lutheraner weichen würden.

Melanchthon war nun diesen ränkevollen, unehrlichen Gegnern gegenüber nicht genug auf der Hut. Luther hatte Recht, wenn er den Theologen zu Augsburg vorhielt, die verstellte Freundlichkeit der Papisten sei mehr zu fürchten, als ihr Wüthen und Drohen. Selbst der Artikel, mit welchem die Kirche steht und fällt, der Artikel von der Rechtfertigung des Sünders aus Gnaden um Christi willen allein durch den Glauben stand in Gefahr. Wie? Das ersehen wir am besten aus einem Briefe Melanchthons an Luther. Melanchthon schrieb unterm 22. August: „Was die Lehre belangt, steht's also: Eck ficht an das Wort sola (allein), wenn wir sagen, der Mensch werde allein durch den Glauben gerecht. Doch hat er die Lehre an sich selbst nicht verdammt, sondern sagte, daß die Unerfahrenen sich ärgerten. Denn ich habe ihn gezwungen zu bekennen, daß die Gerechtigkeit dem Glauben recht zugeeignet werde. Doch hat er gleichwohl begehret, wir sollten also schreiben, daß der Mensch durch die Gnade und den Glauben gerecht werde. Dies habe ich nicht widerfochten. Aber der Narr verstehet das Wort Gnade nicht." So weit Melanchthon an Luther. Aber da hätte der theure Melanchthon „widerfechten" sollen. Es ist ja an und für sich ganz recht geredet, daß der Mensch gerecht werde „durch die Gnade und

4

den Glauben". Aus eitel Gnade und Barmherzigkeit rechnet Gott dem, der an Christum glaubt, die Gerechtigkeit Christi zu. Aber der Narr Eck verstand — wie Melanchthon selbst bemerkt — das Wort Gnade nicht in diesem Handel. Er befaßte unter dem Wort Gnade auch die durch Gottes Gnade in dem Menschen gewirkten guten Werke. Er wollte also im Grunde eine Rechtfertigung durch den Glauben und die Werke des Menschen. Darum focht er das Wort sola an. Und es war Heuchelei, wenn er privatim zugeben wollte, es sei recht zu sagen, daß der Mensch allein durch den Glauben gerecht werde. Luther antwortete daher Melanchthon auch: „Ihr schreibet, wie Eck von Euch gezwungen sei, zu bekennen, daß wir allein durch den Glauben gerecht werden. Aber wollte Gott! ihr hättet ihn gezwungen, daß er nicht mehr lügen müßte."

Auch in Bezug auf die sogenannten Mißbräuche gaben die Papisten nur scheinbar nach. Das war auch gar nicht anders möglich. Diese Mißbräuche hatten ihren Grund in falscher Lehre. Und diese Mißbräuche aufrecht zu erhalten: darauf kam es den Papisten vornehmlich an. Wie sollte z. B. die Pabstkirche ohne die „Messe"*) bestehen? Ein alter Theologe schreibt: „Die Messe ist die Deichsel an ihrem ganzen Wagen, wo die zerbrochen, gehet der Wagen nicht mehr aus der Stelle . . . der Verlust der Messe hätte als ein großer Komet an dem papistischen Himmel einen großen Schwanz lauter verlorener und verdüsterter Glaubensartikel nach sich gezogen." Deshalb hatte auch der päbstliche Gesandte schon am 26. Juni gesagt: „Die Mißbräuche, über welche die Protestanten klagen, können nicht abgeschafft wer-

---

*) Ueber die papistische Messe siehe den 24. Artikel der Augsburgischen Confession.

den, weil der Kirche diese Verbesserungen mehr schaden wür=
den als das Uebel selbst." Ja, er äußerte, er wolle sich eher
in Stücke reißen lassen, als die Messe aufgeben.

Nichts desto weniger ließ sich Melanchthon aus Furcht
zeitweilig auf das wunderbare Werk ein, den Pabst mit
Luther und Christum mit Belial zu vereinigen, wie Luther
sich ausdrückte.

Aber Gott wollte seiner Kirche zu der Zeit ein reines
lauteres Bekenntniß geben und erhalten. So mußten sich
auch diese Unterhandlungen schließlich zerschlagen. Die
Papisten bestanden z. B. hartnäckig darauf, die Lutheraner
sollten die Austheilung des heiligen Abendmahls unter beider=
lei Gestalt nicht als göttliches Gebot lehren. Das war
Melanchthon doch zu stark. Man mußte am 22. August be=
richten, daß der Ausschuß sich nicht habe vergleichen können.
Ein noch engerer Ausschuß, in welchem als Theologen nur
Eck und Melanchthon verhandelten, hatte auch keinen Erfolg.
Melanchthon wurde durch Gottes Gnade wieder stark. Hatte
doch Luther die gewaltigsten Briefe an ihn geschrieben, um
seinen Glauben zu stärken und ihm die Furcht vor den
drohenden Gefahren aus dem Herzen zu nehmen. Ja, selbst
ein Benetianer, Paolo Roselli, hatte einen eindringlichen
Brief an Melanchthon gerichtet, in welchem er denselben im
Namen Christi beschwor, den Papisten gegenüber fest zu bleiben.
Die Fürsten erklärten auch endlich rund heraus, sie könnten sich
auf keine weiteren Unterhandlungen die Lehre betreffend ein=
lassen. Sie könnten nichts nachgeben, weil ihre Lehre in
Gottes Wort gegründet sei, und die Gegner wollten nichts
nachgeben. Zugleich beriefen sie sich wiederholt auf ein all=
gemeines Concil. So blieb das am 25. Juni überant=
wortete Bekenntniß in seiner klaren, unzweideutigen Gestalt
stehen.

Zehntes Kapitel.

Letzte Verhandlungen und Schluß des Reichstages.

Als die lutherischen Stände ihren Entschluß, nicht mehr
über die Lehre unterhandeln zu wollen, kundgegeben hatten,
ließ ihnen der Kaiser am 7. September sagen, „daß Ihro
Majestät mit großem Mißfallen und Beschwerung vernommen
haben, daß sie (die Lutheraner) in den vornehmsten Artikeln
mit den Andern (den papistischen Ständen) noch mißhellig
seien. Ihro Majestät hätten nicht vermuthen können, da ihrer
(der Lutheraner) so wenige seien, daß sie solche Neuerungen
wider den alten heiligen Gebrauch der ganzen christlichen Kirche
dennoch einführen und sich einer sonderlichen Lehre, die des
Pabsts, Ihrer Majestät, des Königs Ferdinand und aller
Fürsten und Stände des Reichs Lehre und Glauben entgegen
sei, gebrauchen und dabei bleiben wollten.“ Ein Concil wollte
er beim Pabst vermitteln, doch unter der Bedingung, daß die
Protestanten bis dahin — wieder papistisch würden. „Es
könne nicht verstattet werden, daß die Sachen also unerörtert
hangen und den Neuerungen nicht gewehrt, noch dieselben abgeschafft werden sollten.“

Wesentlich desselben Inhalts waren alle Kundgebungen
des Kaisers bis zur Abreise des Kurfürsten von Sachsen am
23. September. Die Drohungen wurden wiederholt und
verstärkt. Man kam immer wieder mit der unverschämten
Behauptung, die Lutheraner seien eine neue Secte und ihr
Bekenntniß sei mit Gottes Wort widerlegt worden „nach
tapferem Rath vieler Gelehrten nicht einer Nation allein.“
Immer wieder stellte man den gottlosen Grundsatz auf, der
geringere Theil müsse auch in Sachen des Glaubens dem
größeren Theil folgen. Der Kaiser führte auch folgendes
Argument ins Feld: Wenn das Bekenntniß der Lutheraner

recht wäre, so „müßten auch Ihro Majestät löbliche Vorfahren, Kaiser und Könige, und anderer Kurfürsten und Fürsten Voreltern irrgläubig gewesen sein. Dies könnte Ihro Majestät nicht zugeben und also auch nicht glauben, daß die Confession der Protestanten im Evangelio gegründet sei."

Wir setzen noch einige Stellen aus den Reden hierher, mit welchen unsere Väter auf diese papistischen Behauptungen und Zumuthungen antworteten. Diese Antworten zeugen sowohl von dem Muth als von dem christlichen Verständniß der Bekenner.

Auf den Vorwurf, die Lutheraner seien eine neue Secte, wurde unter Anderem erwidert: „Von einer Secte müßten die protestantischen Fürsten und Stände gar nichts, sondern was sie glaubten, sei in Gottes Wort so fest gegründet, daß es der rechte, wahre christliche Glaube und keine Secte zu nennen sei." Sie führten noch weiter aus, ihre Kirche habe die Gestalt der uralten, apostolischen Kirche. Die Pabstkirche sei es, welche Neuerungen in Lehre und Gebräuchen eingeführt habe. — Aufs ernsteste protestirten sie auch gegen die Behauptung, daß ihr Bekenntniß aus der Schrift widerlegt sei. „Sie seien vielmehr überzeugt, daß solch ihr Bekenntniß in Gottes heiligem Wort christlich und beständig gegründet und in keinem Wege möge abgelehnt werden. Sie hielten es für die göttliche Wahrheit so gewiß, daß sie vor dem jüngsten Gericht damit sicher zu bestehen sich getrauten. Die Confutationsschrift des Widertheils würden sie nicht ermangelt haben also zu widerlegen, daß kaiserliche Majestät und männiglich hätten spüren müssen, wie dieselbe gegen ihr Bekenntniß gar nichts wirken könne, wenn ihnen die gebetene Copei davon widerfahren wäre. Indessen hätten sie gleichwohl auf das, was man unter dem Ablesen in der Eil an-

merken können, eine Antwort stellen lassen, aus welcher kaiserliche Majestät sehen würde, daß Alles in ihrem Bekenntniß
noch feststehe. Sie bäten also unterthänig, daß kaiserliche
Majestät diese Apologie annehmen möchte." Bei diesen
Worten überreichte der Redner Dr. Brück dem Pfalzgrafen
Friedrich die Apologie der Augsburgischen Confession.*) Der Pfalzgraf nahm sie entgegen, um sie dem
Kaiser einzuhändigen. Der Kaiser würde sie auch entgegen-
genommen haben (er hatte schon die Hand darnach aus-
gestreckt), wenn ihm nicht der König Ferdinand eine Ab-
mahnung ins Ohr geflüstert hätte. So winkte der Kaiser
dem Pfalzgrafen, die Schrift wieder zurückzugeben.

Der am 22. September publicirte kaiserliche Abschied
enthielt im Wesentlichen Folgendes: Der Kaiser versprach,
er wolle beim Pabst das von den Protestanten begehrte Concil
vermitteln; binnen 6 Monaten solle es ausgeschrieben werden.
Eine Bedenkzeit bis zum 15. April kommenden Jahres wurde
zugestanden, ob man sich mit der römischen Kirche vergleichen
wolle. Aber inzwischen solle nichts in Sachen des Glaubens
gedruckt noch verkauft werden. Auch solle niemand es frei

---

*) Die lutherischen Theologen hatten bei der Verlesung der papi-
stischen Confutation sogleich fleißig nachgeschrieben. Sie ahnten schon,
daß man ihnen keine Abschrift werde zukommen lassen. Auf Grund dieser
Notizen hatte Melanchthon eine Apologie der Augsburgischen Confession
verfaßt, in welcher die von den Papisten angegriffenen Artikel ausführlich
und klar vertheidigt werden. Diese Apologie wollten sie dem Kaiser
am 22. September einhändigen. Nach dem Schluß des Reichstages
wurde diese Schrift noch weiter von Melanchthon ausgearbeitet. Luther
sagt: „Dadurch habe Melanchthon Alles wieder gut gemacht und reichlich
ersetzt, was er durch seine zu große Friedensliebe und Unterwerfung, bei
seinem zugleich ängstlichen und furchtsamen Naturell, sollte versehen
haben." Diese Apologie wurde bald unter die Bekenntnißschriften der
lutherischen Kirche aufgenommen.

ſtehen, inzwiſchen zu den Lutheranern überzutreten. Die Be=
hauptung, daß das lutheriſche Bekenntniß mit der Schrift
widerlegt ſei, war gleichfalls wiederholt.

Dieſen Abſchied konnten die lutheriſchen Stände nicht
annehmen. Der Kurfürſt von Brandenburg drohte: „Wo
die vereinigten (lutheriſchen) Fürſten den publicirten Abſchied
nicht annehmen wollten, würden Ihro Majeſtät verurſacht,
darob zu halten, wie ihnen wohl gebühre. Daneben hätten
ihm (dem Kurfürſten von Brandenburg) Kurfürſten, Fürſten
und Stände zu melden aufgetragen, daß ſich kaiſerliche Ma=
jeſtät mit ihnen und ſie mit kaiſerlicher Majeſtät verſchworen,
vereidet und verbunden hätten, ihr Gut und Blut, Leib und
Leben, Land und Leute daranzuſetzen, daß dieſer Handel zu
Ende gebracht werde.“ Die Lutheraner erwiderten: „Sie
würden Ihro Majeſtät zu Allem in Unterthänigkeit willfährig
ſein, worin es mit Gott und gutem Gewiſſen mög=
lich ſei. Wider ihr Glaubensbekenntniß aber ſei ihnen nach
ihrem Gewiſſen ganz unmöglich, in den kaiſerlichen Abſchied
zu willigen oder deſſen Inhalt anzunehmen.“ Sie erklärten
ſchließlich, ſie müßten die Sache nun auf ſich beruhen laſſen
und Gott befehlen.

Dieſe letzten Erklärungen wurden am Vormittage des
23. September gegeben. Der Kurfürſt von Sachſen war
anfänglich nicht zugegen, weil er ſich zur Abreiſe, die noch an
demſelben Tage vor ſich ging, rüſtete. Gegen Mittag trat er
ein und bezeugte noch einmal vor allen Anweſenden, „Er wiſſe
aufs allergewiſſeſte, daß ſeine Confeſſion ſo feſt und unbeweg=
lich in der heiligen Schrift gegründet ſei, daß auch die Pforten
der Hölle ſie nicht überwältigen könnten.“ Darauf verab=
ſchiedete er ſich vom Kaiſer. Der Kaiſer reichte ihm, wie es
gebräuchlich war, die Hand und ſagte: „Ohm, Ohm, das
hätte (ich) mich zu Euer Liebden nicht verſehen.“ Der Kur=

fürst konnte vor Bewegung kein Wort sprechen und verließ
mit thränenden Augen den Saal. „Es wäre sehr falsch zu
glauben — sagt ein neuerer Geschichtschreiber —, dem Kur=
fürsten von Sachsen habe politisch daran gelegen, dem Kaiser
Opposition machen zu können. Es that ihm von Herzen leid,
sich von seinem Kaiser und Herrn so trennen zu müssen: aber
es konnte nun nicht anders sein."

Der Reichstag dauerte nach der Abreise des Kurfürsten
von Sachsen noch zwei Monate fort. Der vom 19. Novem=
ber datirte Schlußabschied lautete noch viel drohender gegen
die Lutheraner, als der am 22. September veröffentlichte.
Da wurde zwischen Lutheranern, Zwinglianern, Wieder=
täufern und aufrührerischen Bauern gar kein Unterschied ge=
macht. Das Wormser Edict sollte in aller Strenge durch=
geführt werden. Die Ungehorsamen sollte schließlich die
Reichsacht treffen. Aber — „beschließet einen Rath, und
werde nichts daraus. Beredet euch, und es bestehe nicht;
denn hie ist Immanuel", Jes. 8, 10. Der Kaiser kam bald
wieder in solche Bedrängniß, daß er an eine Ausführung des
Augsburger Reichsabschiedes nicht denken konnte. 300,000
Türken bedrohten die östreichischen Lande. König Ferdi=
nand wollte mit den schmählichsten Bedingungen den Frieden
erkaufen, um freie Hand für die Ausführung des Augsburger
Abschiedes zu haben. Die Türken wiesen alle Friedens=
bedingungen zurück. So mußte man den Lutheranern Frie=
den in Sachen der Religion gewähren, um mit ihrer Hülfe
die Türken besiegen zu können.

Elftes Kapitel.

Luther und die Augsburgische Confession.

Wunderbar! Zu dieser Zeit, da zu Augsburg die durch Luther ans Licht gebrachte Wahrheit so öffentlich bezeugt und ein Bekenntniß überantwortet wird, bei welchem sich die recht lehrende Kirche bis an den jüngsten Tag nächst Gottes Wort finden lassen wird: zu dieser so wichtigen Zeit ist Luther nicht persönlich bei den im heißen Kampfe stehenden Genossen und Schülern.

Luther war, wie wir gesehen haben, von seinem Kurfürsten in Coburg zurückgelassen worden. Und hier blieb er während des ganzen Reichstages. Aber obwohl von Augsburg mehrere Tagereisen entfernt, war er doch allezeit bei den kämpfenden Seinen mit Gebet und Flehen, mit Ermahnung und Trost, mit Lehre und Zurechtweisung. Wir hätten, menschlich zu reden, keine Augsburgische Confession, wenn Luther den Sommer des Jahres 1530 unthätig und von der Sache der Lutheraner ausgeschlossen gewesen wäre. Hierzu im Folgenden einige Belege.

Luther war es vor allen Dingen, der für die Bekenner in Augsburg betete. Luther ist nicht nur, seit der Zeit der Apostel, der größte Lehrer der Kirche, sondern ohne Zweifel auch der gewaltigste Beter. Und zu keiner Zeit seines Lebens hat er diese Waffe gegen des Satans Reich gewaltiger geschwungen, als zur Zeit seines Aufenthalts auf Coburg. Veit Dietrich, welcher während des Reichstags bei Luther in Coburg war, schrieb am 20. Juli an Melanchthon: „Ich kann mich nicht genug wundern über Luthers treffliche Beständigkeit. Freude, Glauben und Hoffnung in diesen jämmerlichen Zeiten. Solche Stücke aber mehrt er täglich durch fleißige Uebung Gottes Worts. Es geht kein Tag

vorüber, an welchem er nicht aufs wenigste drei
Stunden, so dem Studiren am allerbequemlich=
sten sind, zum Gebet nimmt. Es hat mir einmal
geglückt, daß ich ihn beten hörte; hilf Gott, welch' ein Geist,
welch' ein Glaub' ist in seinen Worten! Er betet so andächtig
als einer, der mit Gott, mit solcher Hoffnung und
Glauben als einer, der mit seinem Vater redet.
,Ich weiß', sprach er, ,daß du unser lieber Gott und Vater
bist; deshalb bin ich gewiß, du wirst die Verfolger deiner
Kinder vertilgen. Thust du das aber nicht, so ist die Fahr
dein sowohl als unser; was wir gethan, das haben wir müssen
thun, darum magst du, lieber Vater, sie beschützen.' Als ich
ihn solche Worte mit heller Stimme von ferne hörte beten,
brannte mirs Herz im Leib für großer Freude, sintemal ich
ihn so freundlich und andächtiglich mit Gott hörete reden;
vornehmlich aber, weil er auf die Verheißungen aus den
Psalmen so hart drang, als wäre er gewiß, daß alles geschehen
müßte, was er begehrte. Darum zweifle ich nicht, sein Gebet
werde eine große Hülfe thun in dieser, wie mans achtet, ver=
lorenen Sache, welche auf jetzigem Reichstage wird gehandelt
werden." Luther selbst sagt am Schluß eines Briefes, welchen
er am 30. Mai an Melanchthon schrieb: „Ich bitte für Euch,
hab' gebeten und will bitten, und zweifele auch nicht,
daß ich erhöret sei; denn ich fühle das Amen in
meinem Herzen." „War das nicht — sagt Mathe=
sius in seinen Predigten über Luthers Leben — ein Moses=
gebet für den Zeug und Streiter Gottes, der zu Augsburg
wider den leidigen Satan zu Felde lag? Mit diesen Pater=
nostersteinen schleuderte man damals den großen Goliath, den
leidigen Satan, und alle seine höllischen Gehülfen zurück."
Ja, Luther war wirklich für die in Augsburg streitenden
Glaubensgenossen das, was Moses nach 2 Mos. 17, 8—13.

für die unter Josua wider Amalek streitenden Israeliten war.
Hören wir darüber noch Mathesius weiter: „Weil dieser
Reichstag vornehmlich wider Doctor Luthers Lehre angestellt
und so diese Lehre halfen predigen und für Recht in ihren
Landen und Städten hielten, feiert unser Doctor auch nicht,
wie Moses, da er seinen treuen Diener Josua mit viel guten
Leuten wider König Amalek gerüstet ins Feld schickt. Denn
Doctor Luther hielt auch den Stab und Stecken Gottes in
seiner Hand und trat vor Gottes Angesicht und hob in der
Erkenntniß des HErrn Christi seine heiligen und schweren
Hände auf, damit er das Pabstthum hart gedrückt und ge=
schwächt hatte, und schrie Tag und Nacht zu Gott, daß er
sein Reich und die rechten Josuiten und deutschen Ritter, so
zu Augsburg mit den Englein wider den Widerchrist zu
Felde lagen, bei rechtem Glauben und reiner Lehre erhalten
und sie mit seinem Geist stärken und trösten und sie mit seinen
Englein bewachen und umlagern wolle.“

Aber nicht blos mit Gebet, auch mit Ermahnung und
Trost stand Luther den Seinen bei.

Durch Luthers Zuspruch getröstet, bewies sich das Haupt
der lutherischen Fürsten, der Kurfürst Johann von Sachsen,
so standhaft. Der Kurfürst schickte dem oft kranken Luther
leibliche Arzenei von seinem Leibarzt Dr. Caspar, Luther
sandte dafür dem Kurfürsten die geistliche Arzenei des gött=
lichen Trostes.

Besonders aber war es Melanchthon, der der Stütze be=
durfte. Melanchthon wurde, wie bereits gesagt worden ist,
zeitweilig von einer Aengstlichkeit und Kleinmüthigkeit be=
fallen, die der Sache des Evangeliums gefährlich zu werden
drohte.

In solchen Stunden der Anfechtung schrieb Melanchthon
kurz nach der Uebergabe der Confession z. B. Folgendes an

Luther: „Wir sind hier in dem größten Jammer und müssen
beständig Thränen vergießen. . . . Ich will nun, mein lieber
Vater, meinen Schmerz nicht mit vielen Worten noch größer
machen, sondern Euch nur zu überlegen geben, an welchem
Ort und in was großer Gefahr wir uns befinden, da wir
außer Eurem Trost gar keine Erquickung haben können.
Die Sophisten und Mönche laufen alle Tage zu und bemühen sich, daß sie den Kaiser gegen uns aufbringen. Die
vorhin auf unserer Seite gewesen, sind nun nicht da und wir
schweben ganz verlassen und verachtet in unendlicher Gefahr.“
In einem Brief aus derselben Zeit sagt er: „Ich kann nicht
errathen, was zu hoffen oder zu fürchten sei, da wir mit so
viel Feinden umgeben sind.“ Ja, Melanchthon entfuhren in
einigen Briefen die Worte, daß er in dieser großen Sache nur
Luthers Ansehen gefolgt sei.*) Jonas bittet unterm 29. Juni

---

*) Luther verwies Melanchthon ernstlich solche Rede. Er schreibt
an Melanchthon am 28. Juni: „Es gefällt mir übel in Eurem Briefe,
daß Ihr schreibt, Ihr habt mir als dem Haupt in dieser Sache um meines Ansehens willen gefolgt. Ich will nichts heißen, auch nichts befehlen, will auch nicht Autor genannt werden. Und wenn man gleich
hierauf eine bequeme Deutung finden möchte, so will ich doch das Wort
nicht. Ist die Sache nicht zugleich Euer und geht Euch eben so wohl an
als mich, so soll man nicht sagen, daß sie mein sei und Euch von mir
aufgelegt; sondern ich will sie selbst führen, so sie mein ist.“ — Es war
wirklich nur das Fleisch, welches Melanchthon solche Worte hatte schreiben lassen. Dem Geiste nach war der theure Melanchthon von der Richtig-
keit der lutherischen Lehre aus Gottes Wort überzeugt. Durch das, was
im Bekenntniß bekannt war, wollte er selig werden. In der Anfechtung
fühlte er aber oft wenig von der durch den Heiligen Geist gewirkten
Ueberzeugung. Und er klagte Luther seine Noth, um durch dieses Glau-
benshelden felsenfeste Ueberzeugung gestärkt zu werden. Ein neuerer
Theologe schreibt: „Der strenge Ton, womit Luther in mehreren Briefen
Melanchthons Kleingläubigkeit tadelte, hielt diesen nicht ab, immer
wiederholt seinen Trost und Rath zu suchen und sich, gerade weil er

Luther: „Ich wollte, Du schriebest baldigst an Philippus. Er ist bisweilen von der größten Traurigkeit wegen des Gemeinwohls angefochten."

Konnte nun Luther Trost geben? Er hatte auch zu Coburg die schwersten Anfechtungen zu bestehen. Er war sehr viel leiblich krank, so daß er sich, wie er selbst schreibt, zu Coburg bereits ein Plätzchen zu seiner Grabstätte ausgesehen hatte. Der Satan griff ihn mit Krankheit und Schreckgespenstern an. Aber er trank auch unaufhörlich aus der rechten Trostquelle, so daß er schreiben konnte: „Ich spreche des Satans Engel, der mich mit Fäusten schläget, Hohn." Unaufhörlich las und betrachtete er Gottes Wort, sonderlich die herrlichen Verheißungen, welche Gott seinem Wort und dessen Bekennern gegeben hat. Er machte sich ein Verzeichniß auserlesener Sprüche der heiligen Schrift, um dieselben zu seinem Trost immer bereit zu haben. Ja, er schrieb mit großen Buchstaben die Worte sich an die Wand: „Ich werde nicht sterben, sondern leben und des HErrn Werk verkündigen" (Ps. 118, 17.). Auch gebrauchte er fleißig die Absolution und das heilige Abendmahl. Mathesius schreibt: „Hie soll ich noch mit einem Wort erwähnen, wie unser Doctor in seiner Anfechtung vielmals vom Pfarrer des Orts, Herrn Johann Karg, die heilige Absolution begehrt und durch das heilige Abendmahl herzlichen Trost bekommen habe, wie er seinen Beichtvater deswegen oft gerühmt, durch welches Wort ihn der HErr Christus trefflich erquickt."

---

fühlte, wie nöthig ihm ein solcher Zuchtmeister und Zurechtweiser sei, nur um so fester an ihn anzuklammern. Es ist rührend zu sehen, wie er immer wieder bei ihm anklopft, um seine Meinung über den Fortgang der Verhandlungen mit den Papisten zu hören.... Man meint das zarte Epheugewächs zu sehen, das immer wieder den Stamm des ihm zur Stütze gereichenden Eichbaums umschlingt."

So in Anfechtung und Noth, so aber auch stets getröstet mit dem rechten Trost, konnte Luther nun auch Andere und sonderlich den verzagten Melanchthon recht trösten. Diese Trostbriefe, welche Luther nach Augsburg geschrieben hat, zeugen von dem gewaltigsten Glauben, den wohl je ein Mensch seit der Apostel Zeit gehabt hat. Wer diese Briefe liest't, der muß dem Aehnliches empfinden, was Veit Dietrich empfand, als derselbe Luther zu Coburg beten hörte: „Es brannte mir 's Herz im Leibe für großer Freude." Jeder Christ muß durch den Glauben, der sich in diesen Briefen Luthers ausspricht, zum Glauben gereizt und im Vertrauen auf Gottes Verheißungen gestärkt werden.

Luther hatte eine felsenfeste Ueberzeugung von der Richtig= keit des im Bekenntniß Vorgelegten. Er schreibt an Me= lanchthon: „Tag und Nacht lebe ich in diesen Dingen. Ich durchsuche die Schrift, überlege, disputire; täglich wächst mir die Gewißheit. Ich werde mir nichts mehr nehmen lassen, es gehe mir darüber, wie es Gott will." Und weil er so ge= wiß die Sache der Bekenner zu Augsburg als Gottes Sache wußte, so war er im Glauben auch dessen gewiß, daß Gott selbst sich der Sache annehmen und sie nicht untergehen lassen werde. Er schreibt an Melanchthon: „Sehet nur zu, Phi= lippe, daß Ihr Euch nicht gar zu sehr kränket in einer Sache, die nicht in Eurer Hand, sondern in der Hand Dessen stehet, der größer ist, als derjenige, so in der Welt herrschet, und aus dessen Hand uns niemand reißen kann. . . . Werfet euer Anliegen auf den HErrn, der die Todten lebendig macht, der die demüthigen und zerbrochenen Herzen erquicket und heilet. Der Gott alles Trostes, in dessen Schooß und Hände ich euch alle befehle, hat uns selbst berufen und er= sehen, seine Ehre auszubreiten." — „Ich bin, was die ge= meine Sache betrifft, ganz wohlgemuth und fein zufrieden.

Denn ich weiß, daß sie recht und wahrhaftig ist und, das noch
wohl mehr ist, Christi und Gottes selber. Derhalben bin ich
schier als ein müßiger Zuschauer und wollte nicht ein Klipp=
lein auf die Papisten oder ihr Wüthen und Dräuen geben.
**Fallen wir, so fällt Christus auch mit, nämlich
der Regierer der Welt. Und obgleich er fiele, so wollte ich
doch lieber mit Christo fallen, denn mit dem Kaiser stehen."** —
„So Christus bei uns nicht ist, so wollen wir ihn nimmer=
mehr finden in der ganzen Welt. Sind wir nicht die
Kirche oder ein Theil der Kirche, wo ist denn die Kirche?
Sind die Herzoge zu Baiern, Pabst, der Türke und ihres
Gleichen die Kirche? Wenn wir Gottes Wort nicht haben,
wer ist denn, der es hat? So aber Gott mit uns ist, wer ist
wider uns? Ja, sprecht ihr, wir sind Sünder und undank=
bar. Ei, Lieber, höret, Er wird darum nicht zum Lügner.
Ueber das können wir nicht Sünder sein in solcher heiligen
göttlichen Sache, ob wir gleich sonst auf unsern Wegen böse
sind. Aber ihr wollt solches nicht hören, so quält und kränkt
euch der Satan. Christus helfe euch, das bitte ich ohne
Unterlaß ernstlich. Amen!"

Aber freilich, daß es so vortrefflich steht um die Sache
derer, die Gottes lauteres Wort bekennen: das wird hier auf
Erden nur im Glauben erkannt, nicht im Schauen. So
schärfte Luther den zu Augsburg Kämpfenden ganz gewaltig
ein, sie sollten sich daran gewöhnen, daß Gottes Sachen hier
auf Erden im Glauben gehen. Man müsse Gott die Ehre
anthun, ihm auf sein Wort zu glauben, in welchem er ver=
heißen hat, daß er sicherlich seiner Wahrheit und deren Be=
kennern den Sieg verleihen werde. An dieser Zusage Gottes
müsse man sich genügen lassen und derselben vertrauen, auch
wenn es scheine, als ob Gottes Sache verloren sei. Wer
aber hier blos mit seinen natürlichen Augen sehen und nach

seiner Vernunft urtheilen wolle, der könne nur Sorge, Kummer und Zagen haben. Luther schreibt am 28. Juni an
Melanchthon: „Das Ende und der Ausgang der Sache
quält euch darum, daß ihrs nicht begreifen könnt. Ich
sage aber so viel, wenn ihrs begreifen könntet, so wollte ich
ungern der Sache theilhaftig sein, viel weniger wollt ich ein
Haupt oder Anfänger dazu sein. Gott hat sie an einen Ort
gesetzt, den Ihr in Eurer Rhetorik nicht findet, auch nicht in
Eurer Philosophie: derselbe Ort heißt Glaube, in welchem
alle Dinge stehen, die wir weder sehen noch begreifen können.
Wer dieselben will sichtbar, scheinlich und begreiflich machen,
wie Ihr thut, der hat das Herzeleid und Heulen zu Lohn,
wie Ihr auch habt wider unsern Willen. Der HErr hat gesagt, er wolle wohnen in einem Nebel, und hat Finsterniß gestellt, darin er verborgen liegt. Wer da will, der mach's anders! Hätte Mose das Ende wollen begreifen, wie das Volk
Israel dem Heer Pharaos entgehen möchte, so wären sie vielleicht noch diesen Tag in Egypten. Der HErr mehre Euch
und den Andern allen den Glauben; wenn Ihr den habt,
was will Euch der Teufel thun und die ganze Welt dazu?"
— In einem Briefe vom 26. Juni redet Luther Melanchthon
also zu: „Gnade und Friede in Christo! in Christo sage ich
und nicht in der Welt. Amen! Eurer großen Sorge, durch
die ihr geschwächet werdet, wie ihr schreibt, bin ich von Herzen
feind. Daß sie in Eurem Herzen so überhand
nimmt, ist nicht der großen Sache, sondern Eures
Unglaubens Schuld. Denn eben diese Sache ist viel
größer gewesen zur Zeit Johann Huß' und vieler Andern,
denn zu unsern Zeiten. Und ob sie gleich groß wäre, so ist
auch Der groß, der sie angefangen hat und führt, denn sie ist
nicht unser. Was kränkt ihr Euch denn so stets ·und ohne
Unterlaß? Ist die Sache unrecht, so laßt sie uns widerrufen.

Ist sie aber recht, warum machen wir Gott in so großen Verheißungen zum Lügner, weil er uns heißt guter Dinge und
zufrieden sein? Wirf, sagt er, deine Sorge auf den HErrn.
Der HErr ist nahe allen betrübten Herzen, die ihn anrufen.
Meint ihr, daß er solches in den Wind rede oder vor die
Thüre wirft. Es kommt mich auch oft ein Grauen an, aber
nicht alleweg. Eure Philosophie, nicht Theologie,
plagt Euch also, gerade als könntet Ihr mit Eurer un=
nützen Sorge etwas ausrichten. Was kann der Teufel mehr
thun, als daß er uns tödte? Ich bitte Euch um Gottes willen,
weil Ihr doch sonst in allen andern Sachen Euch wehret,
kämpfet wider Euch selbst, denn Ihr seid selbst
Euer größter Feind, weil Ihr dem Teufel so viel Wehr
wider Euch selbst reichet. Christus ist für die Sünde gestorben einmal, aber für die Gerechtigkeit und Wahrheit wird
er nicht sterben, sondern er lebet und regieret. Ist das wahr,
was sorgen wir denn für die Wahrheit, weil er regiert? Ja,
sagt Ihr, sie wird aber niedergeschlagen werden durch Gottes
Zorn. So laßt uns mit ihr niedergeschlagen werden, aber
nicht durch uns selbst. Der unser Vater worden ist, der
wird auch unserer Kinder Vater sein. Ich bitte wahrlich
mit Fleiß für Euch und thut mir weh, daß Ihr die Sorge
gierig, wie der Wasser=Igel das Blut, in Euch sauget und
mein Gebet so kraftlos machet. Ich zwar, so viel die Sache
betrifft, bin nicht sonderlich bekümmert. Was? Ich habe
eine bessere Hoffnung, als ich gemeint hätte. . . . Wenn wir
uns mit seinen (Gottes) Zusagungen nicht trösten wollen,
wer ist denn jetzt anders in der Welt, den sie angehen?" —
An Spalatin schrieb Luther unterm 30. Juni: „Daß
die Könige, Fürsten und Völker wider Christum wüthen und
toben, halt ich für ein gutes Zeichen und besser, als

5

wenn sie heuchelten und sich freundlich stellten; denn es folgt:
Der im Himmel wohnt, lachet ihr, und der HErr spottet ihr.
Er spottet ihr aber nicht um sein selbst, sondern
um unsertwillen, daß wir auch getrost sein und
ihre wichtige Anschläge ebenfalls verlachen
sollen. So gar kommt alles auf den Glauben
an, damit die Sache des Glaubens auch bestän=
dig im Glauben gehe. Der das Werk angefangen, hat
es ohne allen unsern Rath und Fleiß gethan, hat es bisher
über all' unsern Rath und Fleiß fortgeführt und beschützt,
und wird es auch vollenden und ausführen ohne und über
allen unsern Rath und Fleiß. Daran zweifle ich gar nicht;
ich weiß es und bin es gewiß und glaube ihm, weil er mäch=
tig ist und mehr thun kann, als wir bitten und verstehen kön=
nen, obgleich Philippus denkt und gern wollte, daß ers nach
seinem Rath und nach seinen Einsichten machen möchte, da=
mit er auch eine Ehre davon hätte. Nein, es muß nicht
heißen: Ich Philippus. Ich ist zu gering. Es
heißt: Ich werde sein, der ich sein werde; das ist sein Name:
der ich sein werde, 2 Mos. 3, 14. Man siehet nicht, wer er
ist, aber er wirds sein, da werden wir's sehen." — Beim
Glauben wollte Luther die Seinen erhalten. Wenn sie
einmal auf Fleisch vertrauen wollten, so suchte er ihnen dieses
Vertrauen zu nehmen. Als Spalatin Luther einmal mit=
getheilt hatte, daß sich der Kaiser freundlicher gegen sie bezeigt
habe, erwiderte Luther: „Ich habe aber doch keine Hoffnung,
daß er für unsere Sache sei oder uns helfen werde, wenn ers
auch gleich willens wäre. Denn wie sollte ein einziger
Mensch gegen so viel böse Geister bestehen können? Daher
ist nur Gott allein unsere Zuversicht, der in der
Schwachheit mächtig ist und der sich freut, die Blöden zu er=
quicken und zu trösten und den Verlassenen zu helfen. . . .

Ehe uns geholfen wird, müssen wir zuvor verlassen sein."

Wir können diesen Abschnitt nicht beschließen, ohne noch
ein Schreiben Luthers an den kursächsischen Kanzler Dr.
Brück mitgetheilt zu haben. In demselben stellt Luther
in einem Gleichniß dar, wie unnöthige Sorge sich diejenigen
machen, welche meinen, die Sache des Wortes Gottes müsse
untergehen, weil so mächtige Feinde sie bestreiten, während
dieselbe doch von der allmächtigen, wiewohl dem fleischlichen
Auge unsichtbaren, Hand Gottes getragen wird. Es heißt
in diesem Schreiben: „Ich hab neulich zwei Wunder gesehen. Das erste, da ich zum Fenster hinaussahe, die Sterne
am Himmel, und das ganze Gewölb Gottes, und sahe doch
nirgends keine Pfeiler, darauf der Meister solch Gewölb gesetzt
hatte, noch fiel der Himmel nicht ein, und stehet auch solch
Gewölb noch feste. Nun sind etliche, die suchen solche Pfeiler, und wollten sie gerne greifen und fühlen; weil sie denn
das nicht vermögen, zappeln und zittern sie, als werde der
Himmel gewißlich einfallen, aus keiner andern Ursach, denn
daß sie die Pfeiler nicht greifen noch sehen. Wenn sie dieselbigen greifen könnten, so stünde der Himmel feste. Das
andere: Ich sahe auch dicke große Wolken über uns schweben
mit solcher Last, daß sie mochten einem großen Meer zu vergleichen sein; und sahe doch keinen Boden, darauf sie ruheten
oder fußten, noch keine Kufen, darein sie gefaßt wären; noch
fielen sie doch auch nicht auf uns, sondern grüßten uns mit
einem sauren Angesicht, und flohen davon. Da sie vorüber
waren, leuchtete hervor der Boden und unser Dach, der sie gehalten hatte, der Regenbogen: das war doch ein schwacher,
dünner, geringer Boden und Dach, daß es auch in den Wolken verschwand, und mehr ein Schemen (als durch ein gemalt
Glas zu scheinen pflegt), denn ein so gewaltiger Boden anzu-

sehen war, daß einer auch des Bodens so sehr verzweifeln
sollte, als der großen Wasserlast. Dennoch fand sich in der
That, daß solcher unmächtiger (anzusehen) Schemen die
Wasserlast trug, und uns beschützte. Noch sind etliche, die
des Wassers und der Wolken dicke und schwere Last mehr
ansehen, achten und fürchten, denn diesen dünnen, schmalen
und leichten Schemen; denn sie wollten gerne fühlen
die Kraft solches Schemens: weil sie das nicht können,
fürchten sie, die Wolken würden eine ewige Sündfluth
anrichten."

Aber Luther tröstete nicht blos die Trostbedürftigen zu
Augsburg. Er belehrte auch seine Brüder, die bei der ver-
wickelten Sachlage fort und fort bei ihm Rath und Belehrung
suchten. „Ich bitte Euch um der Ehre des Evangelii willen
— schrieb Melanchthon an Luther —, Ihr wollet Euch unser
annehmen." Um Luthers Rath für alle schwierigen Fälle
möglichst bei der Hand zu haben, hatte ihn ja auch der Kurfürst bis in die südlichste Stadt des kursächsischen Landes mit-
genommen.

Und Luther konnte die in Augsburg Streitenden recht
berathen und belehren. Ein guter Feldherr muß nicht nur
sich selbst und sein Heer, sondern vor allen Dingen auch den
Feind kennen, dessen Stärke und Schwäche, dessen Art und
Weise der Kriegführung. Nun kannte Luther den Satan
und seine Schuppen, den Pabst und seine Klerisei, durch Gottes Gnade „ein gut Theil"; mehr und besser, als alle seine
Brüder zu Augsburg. So wußte Luther auch immer den
rechten Rath zu geben. Ja, man kann zuversichtlich behaupten, daß Luther von Coburg aus die ganze Sachlage
zu Augsburg besser verstanden hat, als alle Fürsten, Staats-
männer und Theologen.

Die Protestanten setzten anfänglich noch gute Hoffnung auf den Kaiser. Der werde sich, wenn er sich ihrer Sache auch nicht annehme, doch wenigstens gerecht erzeigen. Luther erkannte gar bald, daß diese Hoffnung eine nichtige sei. Als er erfuhr, daß der Kaiser die lutherischen Predigten untersagt habe, hoffte er auf keine Versöhnung mehr. Er sah voraus, daß der Kaiser nun auch weiter in die Fürsten dringen werde, ihre ganze Lehre fahren zu lassen. Nicht als ob er den Kaiser für einen böswilligen und verstockten Feind des Evangeliums gehalten hätte. Im Gegentheil. Er redet immer mit der größten Ehrerbietung von demselben. Aber er wußte ihn vollkommen unter dem Einfluß und in der Gewalt der Feinde. Er schreibt am 30. Juni an den Kurfürsten: „Zwar der Kaiser ist ein frommes Herz, aller Ehren und Tugend werth, dem seiner Person halben nicht mag zu viel Ehre geschehen. Aber, lieber Gott! was kann ein Mensch wider so viel Teufel. wo Gott nicht gewaltiglich hilft?"

Vor allen Dingen aber erkannte Luther klar, daß man mit den Papisten vergeblich über die Einigkeit in der Lehre verhandele. Er wußte, eine wie große Kluft zwischen den beiden Theilen befestigt war, daß die Seinen Gottes, die Papisten des Teufels Wort und Sache führten, daß das ganze Pabstthum auf teuflischer Irrlehre stehe und nothwendig das ganze Pabstthum fallen müsse, wenn im Ernst dessen Irrlehren aufgegeben würden. Es könne nur Lug und Trug sein, wenn die Vertheidiger des Pabstthums sich nachgiebig und freundlich zeigten. Er schreibt an Melanchthon am 26. August: „Es gefällt mir gar nicht, daß man will von Einigkeit der Lehre handeln, weil dieselbe gar unmöglich ist, wo der Pabst sein ganz Pabstthum nicht will abthun. Es wäre genug gewesen, so wir hätten angezeigt die Ursache unsers

Glaubens und hätten Friede begehrt. Daß wir sie aber sollten zur Wahrheit bekehren, wie können wir das hoffen? ... Es ist gewiß, daß sie unsere Lehre verdammen, in dem, daß sie keine Buße thun und darüber ihre Lehre zu erhalten sich unterstehen. Warum merken wir denn nicht, daß alles ein Schein und Betrug ist, was sie vornehmen?" — An dem-selben Tage schrieb Luther an Spalatin: „Ich höre, wiewohl nicht sehr gerne, daß Ihr ein wunderbares Werk angefangen und den Pabst und Luthern mit einander vergleichen wollt. Es wird aber der Pabst nicht wollen und Luther bittet auch dafür. Solltet ihr aber dennoch die Sache wider beider Willen und Verlangen ausrichten können, so will ich Eurem Exempel auch ohne allen Zeitverlust nachfolgen und Chri-stum und Belial ebenfalls vergleichen." —

Klar und bestimmt sprach Luther es von vornherein aus, daß an ein Weichen von dem überantworteten Bekenntniß gar nicht gedacht werden könne. Das Nachgeben gebühre sich einzig und allein für die Papisten, die Menschenlehre führten.*)

---

*) Zu erwähnen ist hier eine merkwürdige Schrift Luthers, die der-selbe von Coburg aus „An die ganze Geistlichkeit zu Augsburg versam-melt auf dem Reichstag Anno 1530" richtete. In derselben deckt Luther das große Verderben der römischen Kirche in Lehre und Leben kurz und schlagend auf. Er zeigt, wie das Pabstthum auf lauter Neuerungen stehe, die der Lehre Christi und der Apostel schnurstracks zuwiderlaufen. So ermahnt er die „ganze (papistische) Geistlichkeit", ja nicht darauf zu denken, wie man die Lutherischen dämpfe, sondern dazu möchten die Geg-ner diesen Reichstag benutzen, ihr Ding, das wider Gottes Wort sei, ab-zuthun. Es heißt in dieser Schrift: „Ihr dürft von meinen und meiner gleichen wegen nichts handeln: denn der rechte Helfer und Rather hat uns und unsere Sachen so weit bracht und dahin gesetzt, da sie bleiben soll, und da wirs auch lassen wollen, daß wir für uns keines Reichstages, keines Rathes, keines Meisterns bedürfen, dazu auch von euch nicht haben wollen, als die wir wissen, daß ihrs nicht besser, ja nicht so gut zu machen vermögt. Denn wir kommen gleich

Melanchthon äußerte einmal das Bedenken, ob die Augs=
burgische Confession doch nicht vielleicht zu scharf und schroff
gehalten sei. Luther antwortete: „Wollen sie (die Papisten)
die nicht annehmen, so weiß ich nicht, was ich mehr könnte
nachgeben.“ Und am 10. August schrieb er an Melanchthon:
„Von den Artikeln, die Lehre belangend, können wir nicht
weichen, weil sie nicht allein in der Schrift gegründet, sondern
auch durch der Väter Schriften bewiesen sind. Begehrt aber
kaiserliche Majestät etlicher Stücke Erklärung, so ist unser Theil
dazu allezeit erbötig. Bei den Artikeln, die Mißbräuche
betreffend, können wir von beider Gestalt im Sacra=
ment ebenfalls nicht weichen, weil es eine göttliche Ordnung
ist, die Christus selbst eingesetzt. Von der Geistlichen Ehe
können wir auch nicht willigen, daß die Ehe jemand verboten
werde. Und Paulus heißt solch Verbieten eine Teufelslehre,
1 Tim. 4, 1. 3. Daß die Privatmesse wieder aufgerichtet

---

unter Türken oder Tartern, unter Pabst oder Teufel, so stehet unsere
Sache gewiß, daß wir wissen, wie wir gläuben und leben, wie wir lehren
und thun, wie wir leiden und beten, wie wir genesen und sterben, wo wir
alles gewarten, holen und finden, und wo wir endlich bleiben sollen,
nach dem Wort St. Pauli Röm. 8, 28.: Den Auserwählten schaffet der
Geist alle Ding zu ihrem Besten. Solches hat uns Gott reichlich ge=
geben durch Christum JEsum unsern HErrn, und ist bereitan durch vieler
frommer Leute Blut und Marter (von eurem Theil getödtet) bekannt und
bestätigt: nicht daß wir vollkommen seien und alles erlangt hätten, son=
dern, daß wir die rechten Regeln, wie St. Paulus redet (Phil. 3, 16.),
den rechten Weg und den rechten Anfang vor uns haben, und an der
Lehre ja nichts mangelt, das Leben sei gleich wie es mag. Aber für
euch und für das arme Volk, so noch unter euch ganz un=
bericht, oder je ungewiß ist, da sorgen wir für, und woll=
ten je gerne hier helfen mit Beten und Vermahnen, das Beste wir könn=
ten.“ Diese Schrift machte ein ungeheures Aufsehen, zumal sie der
Bischof von Augsburg in einer Versammlung der papistischen Stände
öffentlich vorlas.

oder gelitten werden sollte, können wir darum nicht bewilligen, weil am Tage, daß es ein öffentlicher Mißbrauch und Abgötterei ist und wider den Hauptartikel des Glaubens an Christum strebet. So sind auch weder der kleine noch große Canon zu leiden, weil sie ebenermaßen wider die Lehre des Glaubens sind und das Leiden Christi lästern. Von den unverledigten Klöstern wollen wir gerne willigen, daß die Personen, die darin sind, bleiben und versorgt werden. Aber daß man sollte ihre Messen und ander gottloses Wesen handhaben und schützen, das ist wider die obigen Artikel. Daß man von der Jurisdiction (Gerichtsbarkeit der Bischöfe) handle, ist ein vergeblich Ding. Denn wo sie uns nicht leiden und nichts nachlassen, sondern stracks immerhin verdammen wollen: so können wir keine Jurisdiction von ihnen gewarten ohne des Meister Hansen. Wohl ist wahr, wo sie unsere Lehre wollten leiden und nicht mehr verfolgen, so wollten wir ihnen keinen Abbruch thun an ihrer Jurisdiction, Dignität oder wie sie es nennen. Denn wir begehren freilich nicht Bischöfe noch Cardinäle zu sein, sondern allein gute Christen, die sollen arm sein. Matth. 5. und Luc. 6.“

Die Papisten forderten von den lutherischen Ständen die Herausgabe der Klöster, die von den Mönchen verlassen und deren Güter nun zur Errichtung von Schulen, zur Versorgung der Armen ꝛc. verwendet worden waren. Luther gab den Seinen in Augsburg folgende ausgezeichnete Gegenrechnung an die Hand: „Werden sie viel vom Wiedergeben der Klöster und geistlichen Einkünfte sprechen wollen, so haben auch wir zu fordern, daß sie uns Leonhard Kaisern, der in Baiern verbrannt worden, und viele Andere, die sie jämmerlich hingerichtet; so viele Seelen, die sie mit ihren gottlosen Lehren ins Verderben gestürzt, und so viel unsägliche Summen Geldes,

die sie mit ihrem betrügerischen Ablaß und auf andere heillose
Weisen zusammengerafft, wiederherstellen und zurückgeben
sollen; daß sie Gott seine Ehre wieder erstatten, die sie ihm
mit so vielen Lästerungen geschändet; daß sie die Reinigkeit
und Lauterkeit der Kirche und die Heiligkeit des Lebens, die
mit so viel Greueln und Unflath ganz vertilgt worden, wieder
einführen und in Stand setzen; und wer kann alles be=
schreiben, was noch mehr zu fordern wäre? Thun und
leisten sie, was sie diesfalls schuldig sind, so wollten wir
hernach vom Possessorium oder was ein Theil dem andern
noch weiter zurück zu geben habe, auch gern mit ihnen
handeln."

So war Luther lehrend, ermahnend und tröstend bei den
Bekennern in Augsburg. "Wollte Gott — schrieb er an
Melanchthon — ich könnte auch leiblich bei euch sein.
Denn die Sache geht mich auch an, und zwar mehr, denn
euch alle miteinander." Als der Schluß der Verhandlungen
zu Augsburg bevorstand und er sah, daß das herrliche Be=
kenntniß aufrecht erhalten war, schrieb er freudig den Theo=
logen: "Ich habe ihn (den Kurfürsten) gebeten, mich euch bei
eurer Rückkunft empfangen und begrüßen zu lassen, damit ich
euch den Schweiß nach eurem heißen Angstbade abwischen
könne. Ihr habt Christum bekannt, den Frieden angeboten,
dem Kaiser gehorcht, Unrecht und Schmähungen ertragen
und dabei nicht Böses mit Bösem vergolten. Das heilige
Werk Gottes habt ihr, wie es Frommen geziemt, würdig aus=
geführt. Freuet euch darum in dem HErrn und jauchzet,
ihr Gerechten! Lange genug habt ihr Traurigkeit gehabt in
der Welt; hebt eure Häupter auf und blicket in die Höhe,
denn eure Erlösung nahet!"

Luther sagte später einmal: "Der Katechismus, die Aus=
legung der zehn Gebote und die Augsburgische Con=

feſſion ſind mein." Aus dem in dieſem Kapitel Ge=
ſagten geht wohl zur Genüge hervor, wie Luther mit Wahr=
heit ſo reden konnte. Von ihm hauptſächlich waren die
Schriftſtücke (die Schwabacher und Torgauer Artikel),
welche Melanchthon bei der Verabfaſſung der Confeſſion vor=
lagen. Unter ſeiner fortwährenden Oberleitung wurde die
Confeſſion verfaßt und endlich wurde die Confeſſion auch
von ihm gegen die Gefahr, in weſentlichen Punkten fallen ge=
laſſen zu werden, ſicher geſtellt.

Ein alter Theologe unſerer Kirche ſchreibt: „Das Be=
kenntniß rühret, nächſt Gott, eigentlich von Luther her, den
Melanchthon in dieſer ganzen Sache den Lehrmeiſter heißet."
Und ein Theologe aus unſerer Zeit bemerkt: „Es iſt ohne
Zweifel großentheils dieſem ſo väterlich milden,*) nach=
ſichtigen und doch glaubenſtärkenden Verhalten Luthers
gegenüber jenen Anwandlungen von Furcht und Schwäche,
wie ſie ſich Melanchthon's in jener kritiſchen Zeit bemächtigt
hatten, zuzuſchreiben, daß derſelbe ſich ſchließlich wieder er=
mannte, zu ſeiner früheren Entſchiedenheit zurückkehrte, und
in der Apologie das in der Confeſſion Bekannte in ſeinem
vollen Umfange aufrecht erhielt und vertheidigte."

---

*) Luther verſtand das Ermahnen. Mit dem ſtrengen Ernſt ver=
band er die väterliche Milde, welche das Herz gewinnt und fröhlich
macht. Einen Brief an Melanchthon, der damals gerade ſehr nieder=
geſchlagen war, beginnt er alſo: „An Magiſter Philipp Melanchthon,
dem treuen Bekenner Chriſti und wahrhaftigen Zeugen, ſeinem liebſten
Bruder, Martin Luther. Gnade und Friede in Chriſto!"

Zwölftes Kapitel.
Rückblick und Schlußerinnerung.

Thun wir zum Schluß noch einen Rückblick auf das Verhalten unserer Väter in den Bekenntnißtagen zu Augsburg. Johann Brenz schreibt in Bezug auf die lutherischen Fürsten: „Unsere Fürsten sind höchst standhaft im Bekenntniß des Evangeliums. Und fürwahr, wenn ich ihre so große Standhaftigkeit betrachte, so ergreift mich ein nicht geringes Gefühl der Beschämung wegen der Furcht, womit wir armen Bettler gegenüber der kaiserlichen Majestät erfüllt sind." Ja, die lutherischen Fürsten, und sonderlich der Kurfürst Johann von Sachsen, haben einen Muth und eine Bekenntnißfreudigkeit zu Augsburg gezeigt, welche alle Lutheraner bis an den jüngsten Tag, unter Lob und Dank gegen Gott, bewundern und rühmen müssen. Gott hat die Herzen dieser Männer mit Kraft aus der Höhe erfüllt, so daß sie Leib und Leben, Ehre und Herrschaft, Gut und Freundschaft um des Evangeliums willen daran zu geben willig waren. Sie sind Muster christlicher Bekenner.

Dem Kurfürsten von Sachsen wurde wegen seines standhaften Bekenntnisses zur Wahrheit nicht nur die Belehnung mit der Kurwürde wiederholt versagt, sondern es wurde ihm, wie wir bereits gesehen haben, geradezu mit Verjagung von Land und Leuten gedroht. Der Kurfürst zweifelte auch nicht, daß es dahin kommen könne. Aber trotzdem wich und wankte er nicht. Scharf und schneidend stellte er sich nach Matth. 10, 32., über welchen Text er sich ja vor der Abreise nach Augsburg eine Predigt halten ließ, das Entweder — Oder. Er sagte: „Entweder Gott verleugnen oder die Welt — wer kann zweifeln, was das Beste sei? Gott hat mich zu einem Kurfürsten des Reichs gemacht, was ich niemals werth geworden

bin. Er mache ferner aus mir, was ihm gefällt." Er in=
struirte seine Räthe: „Saget meinen Gelehrten, daß sie thun,
was recht ist, Gott zu Lob, und mich oder mein Land und
Leute nicht ansehen." Der Landgraf Philipp von Hessen
ließ bei seiner Abreise von Augsburg an den Kurfürsten von
Sachsen ein Schreiben zurück, in welchem er Letzteren er=
mahnte, sich durch keine Drohungen und Schmeicheleien be=
wegen zu lassen, vom Worte Gottes abzugehen. Zu ihm
(dem Landgrafen) habe sich der Kurfürst nichts anderes zu
versehen, „als daß er Leib und Gut, Land und Leute für das
Wort Gottes lassen wolle". Seinen Gesandten schrieb er
unterm 29. August nach Augsburg: „Kanns nicht gut wer=
den, muß mans Gott befehlen." Die Abgeordneten der
Stadt Nürnberg erklärten, als es überaus drohend aussah:
„Ein Krieg sei zwar zu befürchten. Doch dürfte man um
dieser Furcht willen das Wort Gottes nicht verleugnen noch
das Gewissen beschweren. Man müsse vielmehr Gott ver=
trauen und ihm Krieg und Frieden und alle Sorgen deshalb
anbefehlen und überlassen."

Das war nicht natürlicher Muth, sondern vom Heiligen
Geist gewirkte Bekenntnißfreudigkeit. Hätten die Bekenner
zu Augsburg Fleisch und Blut fragen und der natürlichen
Neigung ihres Herzens folgen wollen, so hätten sie dem
Drängen der Widersacher nachgegeben und den äußeren Frie=
den erwählt. Aber ihre Gewissen waren in Gottes Wort ge=
fangen. Sie waren auch nicht solche Leute, die aus natür=
lichem Widerspruchsgeist und Trachten nach weltlicher Frei=
heit gegen das Pabstthum aufgetreten wären. Nein, sie hatten
durch Gottes Gnade erkannt, daß das Pabstthum aufs greu=
lichste Gottes Wort fälsche und so Gott die Ehre und den
theuer erkauften Seelen die Seligkeit raube. Nachdem ihnen
Gott über diesen Greuel die Augen geöffnet hatte, konnten

und wollten sie sich desselben nicht theilhaftig machen. Be=
zeichnend für den Sinn, in welchem sie mit dem Bekenntniß
der reinen Lehre und der Verwerfung aller falscher Lehre her=
vortraten, sind die Worte, mit welchen der erste Theil der
Augsburgischen Confession schließt. „Dies ist — heißt es
dort — fast die Summa der Lehre, welche in unsern Kirchen
zu rechtem christlichem Unterricht und Trost der
Gewissen, auch zu Besserung der Gläubigen gepredigt
und gelehret ist; wie wir denn unsere eigene Seele
und Gewissen ja nicht gerne wollten vor Gott
mit Mißbrauch göttliches Namens oder Worts
in die höchste und größte Gefahr setzen, oder
auf unsere Kinder und Nachkommen eine andere
Lehre, denn so dem reinen göttlichen Wort und
christlicher Wahrheit gemäß, fällen oder erben."

Ihr lieben lutherischen Christen! Durch Gottes Gnade
schaaren wir uns hier in diesem neuen Vaterlande um die
ungeänderte Augsburgische Confession als das Grundbekennt=
niß unserer theuren lutherischen Kirche. Seien wir nun auch,
durch Gottes Gnade, recht treue Bekenner der in diesem un=
serem Bekenntniß bezeugten göttlichen Wahrheit.

Dazu reize uns das Beispiel unserer Väter, welche vor
350 Jahren als so treue Zeugen der Wahrheit sich bewiesen.
Dazu reize uns, wie sie, der Eifer für die Ehre Gottes.
Denn jede falsche Lehre ist Mißbrauch göttlichen Namens und
somit Verunehrung Gottes. Dazu reize uns, wie sie, die
Sorge für unsere eigene Seligkeit, die durch jede
falsche Lehre „in die höchste und größte Gefahr" gesetzt wird.
Denn nur Gottes Wort ist ein Wort des Lebens; Men=
schenwort in geistlichen Dingen kann nur Tod und Verderben
wirken. Endlich reize uns wie unsere Väter zum Festhalten
an der in unserm Bekenntniß niedergelegten Wahrheit auch

die Sorge für unsere Kinder und Nachkommen.
Sprechen wir mit ganzem Ernst unseren Vätern nach: „Denn
wir ja nicht wollten auf unsere Kinder und Nachkommen eine
andere Lehre, denn so dem reinen göttlichen Wort und christ=
licher Wahrheit gemäß, fällen oder erben." Wir hinterlassen
unseren Kindern die reichste Erbschaft, ein Erbtheil, das un=
endlich viel mehr werth ist, als alles irdische Gut, wenn wir,
so viel an uns ist, den reinen Verstand des Wortes Gottes,
wie er auch in der Augsburgischen Confession so klar bezeugt
ist, auf sie bringen.

Dazu laßt uns, wie alle unsere herrlichen Bekenntniß=
schriften, so namentlich unser Grundbekenntniß neben dem
Worte Gottes fleißig lesen und studiren, damit ein Jeder in
seinem Kreise die erkannte Wahrheit bezeugen kann. Dazu
laßt uns aufs eifrigste bemüht sein, niedere und höhere luthe=
rische Schulen zu gründen und zu erhalten.

Bedenken wir, daß unsere Väter in Zeiten der äußersten
Gefahr unerschütterliche Bekenner der Wahrheit gewesen sind.
Wir leben in einem Lande, in welchem wir, von der welt=
lichen Obrigkeit gegen äußere Gewaltthat geschützt, ungehin=
dert unseres wahrhaftigen Glaubens leben und denselben auch
bekennen dürfen. Wie schmählich wäre es also für uns,
wenn wir jetzt vom Bekenntniß der Wahrheit weichen wollten!
Zwar ist die Horde des Antichrists, des Pabstes, auch hier
überaus geschäftig „nach der Wirkung des Satans mit aller=
lei lügenhaftigen Kräften und Zeichen und Wundern und mit
allerlei Verführung zur Ungerechtigkeit" (2 Thess. 2, 9. 10.);
zwar ist auch hier der Schwarm der Secten, die, das reine
Wort Gottes verlassend, „die Ohren von der Wahrheit wen=
den und sich zu den Fabeln kehren" (2 Tim. 4, 4), über das
ganze Land verbreitet. Aber gegen alle Feinde und Verkehrer
der Wahrheit können wir ungehindert das scharfe, zweischnei=

dige Schwert des Wortes Gottes schwingen. Laffen wir das
350jährige Jubiläum der Augsburgifchen Confeffion uns
eine Erinnerung fein, alle geiftliche Trägheit, wo folche fich
eingefchlichen haben follte, durch Gottes Gnade abzuftreifen.
Halten wir mit neuem geiftlichem Muth und mit neuer geift=
licher Kraft das Panier der Wahrheit hoch, fo wird der HErr,
feiner Verheißung gemäß, durch daffelbe „zufammenbringen
die Verjagten Ifraels, und die Zerftreuten aus Judä zu
Hauf führen", Jef. 11, 12.

Das Grundbekenntniß

der

evangelisch-lutherischen Kirche.

❖

Mit einer

geschichtlichen Einleitung und kurzen erklärenden Anmerkungen versehen.

❖

Dem lutherischen Christenvolk zum 350jährigen Jubiläum
der Augsburgischen Confession dargeboten

von

F. Pieper.

Zweiter Theil.
Enthaltend die Augsburgische Confession.

St. Louis, Mo.
Druckerei des „Luth. Concordia-Verlags".
1880.

THE NEW YORK
PUBLIC LIBRARY
477213
ASTOR, LENOX AND
TILDEN FOUNDATIONS.
1909

Die

Augsburgische Confession.

Vorrede.

—

Allerdurchlauchtigster, Großmächtigster, Unüberwindlichster Kaiser, Allergnädigster Herr! Als Eure Kaiserl. Majestät kurz verschienener Zeit einen gemeinen Reichstag allhier gen Augsburg gnädiglich ausgeschrieben, mit Anzeige und ernstem Begehr, von Sachen, unsern und des christlichen Namens Erbfeind, den Türken, betreffend, und wie demselben mit beharrlicher Hilfe stattlich widerstanden, auch wie der Zwiespalten halben in dem heiligen Glauben und der christlichen Religion gehandelt möge werden, zu rathschlagen und Fleiß anzukehren, alle eines jeglichen Gutbedünken, Opinion und Meinung zwischen uns selbst in Lieb und Gütigkeit zu hören, zu ersehen und zu erwägen, und dieselben zu einer einigen christlichen Wahrheit zu bringen und zu vergleichen, alles, so zu beiden Theilen nicht recht ausgelegt oder gehandelt wäre, abzuthun, und durch uns alle eine einige und wahre Religion anzunehmen und zu halten, und wie wir alle unter Einem Christo sind und streiten, also auch alle in Einer Gemeinschaft, Kirche und Einigkeit zu leben.

Und wir, die unten benannten Churfürsten und Fürsten, sammt unsern Verwandten, gleich andern Churfürsten, Fürsten und Ständen, dazu erfordert, so haben wir uns darauf dermaßen erhaben, daß wir sonder Ruhm mit den ersten hieher gekommen.

Und als denn auch E. K. M. zu unterthänigster Folg=
thuung berührtes E. K. M. Ausschreibens und demselbigen
gemäß, dieser Sachen halben, den Glauben berührend, an
Churfürsten, Fürsten und Stände ingemein gnädiglich, auch
mit höchstem Fleiß und ernstlich begehrt, daß ein jeglicher,
vermöge vorgemeldetes E. K. M. Ausschreibens, sein Gut=
bedünken, Opinion und Meinung derselbigen Irrungen,
Zwiespalten und Mißbräuche halben ꝛc. zu Deutsch und La=
tein in Schrift stellen und überantworten sollten; darauf
denn, nach genommenem Bedacht und gehaltenem Rath,
E. K. M. an vergangener Mittwochen ist vorgetragen worden,
als wollten wir auf unserm Theil das Unsere, vermöge
E. K. M. Vortrags, in Deutsch und Latein auf heut Freitag
übergeben: hierum und E. K. M. zu unterthänigstem Ge=
horsam überreichen und übergeben wir unserer Pfarrherren,
Prediger und ihrer Lehren, auch unsers Glaubens Bekennt=
niß, was und welcher Gestalt sie aus Grund göttlicher hei=
liger Schrift in unsern Landen, Fürstenthümern, Herrschaften,
Städten und Gebieten predigen, lehren, halten und Unter=
richt thun.

Und sind gegen E. K. M., unsern allergnädigsten Herrn,
wir in aller Unterthänigkeit erbötig, so die andern Churfürsten,
Fürsten und Stände dergleichen gezwiefachte schriftliche Ueber=
gebung ihrer Meinung und Opinion in Latein und Deutsch
jetzt auch thun werden, daß wir uns mit ihren Liebden und
ihnen gern von bequemen gleichmäßigen Wegen unterreden
und derselbigen, so viel der Gleichheit nach immer möglich,
vereinigen wollen, damit unser beiderseits, als Parten, schrift=
liches Vorbringen und Gebrechen zwischen uns selbst in Lieb
und Gütigkeit gehandelt und dieselben Zwiespalten zu einer
einigen wahren Religion, wie wir alle unter Einem Christo
sind und streiten und Christum bekennen sollen, alles nach

Laut oftgemeldetes E. K. M. Ausschreibens und nach gött=
licher Wahrheit geführt mögen werden. Als wir denn auch
Gott den Allmächtigen mit höchster Demuth anrufen und
bitten wollen, seine göttliche Gnade dazu zu verleihen. Amen.

Wo aber bei unsern Herren, Freunden, und besonders den
Churfürsten, Fürsten und Ständen des andern Theils, die
Handlung dermaßen, wie E. K. M. Ausschreiben vermag,
unter uns selbst in Lieb und Gütigkeit bequeme Handlung
nicht verfangen, noch ersprießlich sein wollte; als doch an uns
in keinem, das mit Gott und Gewissen zu christlicher Einig=
keit dienstlich sein kann oder mag, erwinden soll; wie E. K. M.,
auch gemeldete unsere Freunde, die Churfürsten, Fürsten,
Stände, und ein jeder Liebhaber christlicher Religion, dem
diese Sachen vorkommen, aus nachfolgenden unsern und der
Unsern Bekenntnissen gnädiglich, freundlich und genugsam
werden zu vernehmen haben.

Nachdem denn E. K. M. vormals Churfürsten, Fürsten
und Ständen des Reichs gnädiglich zu verstehen gegeben,
und sonderlich durch eine öffentliche verlesene Instruction auf
dem Reichstage, so im Jahr der mindern Zahl 26 zu Speyer
gehalten, daß E. K. M. in Sachen, unsern heiligen Glauben
belangend, zu schließen lassen, aus Ursachen, so dabei ge=
meldet, nicht gemeinet, sondern bei dem Pabst um ein Con=
cilium fleißigen und Anhaltung thun wollten; und vor einem
Jahr auf dem letzten Reichstag zu Speyer, vermöge einer
schriftlichen Instruction, Churfürsten, Fürsten und Ständen
des Reichs, durch E. K. M. Statthalter im Reich, Königliche
Würden zu Ungarn und Böhmen rc. sammt E. K. M. Orator
und verordneten Commissarien, dies unter andern haben vor=
tragen und anzeigen lassen, daß E. K. M. derselbigen Statt=
halter, Amtsverwalter und Räthe des kaiserl. Regiments,
auch der abwesenden Churfürsten, Fürsten und Stände Bot=

schafter, so auf dem ausgeschriebenen Reichstag zu Regens=
burg versammelt gewesen, Gutbedünken, das Generalconci=
lium belangend, nachgedacht und solches anzusetzen auch für
fruchtbar erkannt; und weil sich aber diese Sachen zwischen
E. K. M. und dem Pabst zu gutem christlichem Verstand
schicken, daß E. K. M. gewiß wäre, daß durch den Pabst das
Generalconcilium zu halten nicht geweigert, so wäre E. K. M.
gnädiges Erbietens, zu fordern und zu handeln, daß der
Pabst solch Generalconcilium neben E. K. M. zum ersten
auszuschreiben bewilligen, und daran kein Mangel erscheinen
sollte.

So erbieten gegen E. K. M. wir uns hiemit in aller
Unterthänigkeit und zum Ueberfluß in berührtem Fall ferner
auf ein solch gemein, frei, christlich Concilium, darauf auf
allen Reichstagen, so E. K. M. bei ihrer Regierung im Reich
gehalten, durch Churfürsten, Fürsten und Stände aus hohen
und tapfern Bewegungen geschlossen, an welches auch zusammt
E. K. M. wir uns von wegen dieser großwichtigsten Sache
in rechtlicher Weise und Form verschiener Zeit berufen und
appellirt haben, der wir hiemit nochmals anhängig bleiben
und uns durch diese oder nachfolgende Handlung (es werden
denn diese zwiespaltigen Sachen endlich in Lieb und Gütig=
keit, laut E. K. M. Ausschreibens, gehört, erwogen, beigelegt
und zu einer christlichen Einigkeit vergleichet) nicht zu begeben
wissen, davon wir hiemit öffentlich bezeugen und protestiren.
Und sind das unsere und der Unsern Bekenntnisse, wie unter=
schiedlich von Artikel zu Artikel hernach folget.

Artikel des Glaubens und der Lehre.

Der I. Artikel.
Von Gott.

Erstlich wird einträchtiglich gelehrt und gehalten, laut des Beschlusses concilii Nicaeni, daß ein einig göttlich Wesen sei, welches genannt wird und wahrhaftiglich ist Gott, und sind doch drei Personen in demselbigen einigen göttlichen Wesen, gleich gewaltig, gleich ewig, Gott Vater, Gott Sohn, Gott Heiliger Geist, alle drei Ein göttlich Wesen, ewig, ohne Stück, ohne End, unermeßlicher Macht, Weisheit und Güte, ein Schöpfer und Erhalter aller sichtbaren und unsichtbaren Dinge. Und wird durch das Wort Persona verstanden nicht ein Stück, nicht eine Eigenschaft in einem andern, sondern das selbst bestehet; wie denn die Väter in dieser Sache dies Wort gebraucht haben.

Derhalben werden verworfen alle Ketzereien, so diesem Artikel zuwider sind, als Manichäi, die zween Götter gesetzt haben, einen bösen und einen guten. Item Valentiniani, Ariani, Eunomiani, Mahometisten und alle dergleichen; auch Samosateni, alte und neue, so nur Eine Person setzen und von diesen zweien, Wort und Heiligem Geist, Sophisterei machen, und sagen, daß es nicht müssen unterschiedene Personen sein, sondern Wort bedeute leiblich Wort oder Stimme, und der Heilige Geist sei erschaffene Regung in Kreaturen.

In diesem Artikel wird die rechte Lehre von Gott bekannt. Unsere Väter haben auch diesen Artikel in die Augsburgische Confession aufgenommen, weil papistische Theologen lästerten, die Lutheraner verwürfen, wie den ganzen christlichen Glauben, so auch die Lehre von der heiligen Dreieinigkeit. — Der wahre Gott ist der dreieinige. Es ist ein einiges göttliches Wesen (5 Mos. 6, 4. 1 Cor. 8, 4. 12, 6. 1 Tim. 2, 5.). In diesem einigen göttlichen Wesen sind aber drei Personen: Gott Vater, Gott Sohn, Gott Heiliger Geist (Matth. 28, 19. 2 Cor. 13, 13. 1 Joh. 5, 7. 1 Mos. 1, 26. 4 Mos. 6, 24. Pf. 33, 6. Jef. 6, 3.). Diese Personen sind von einander unterschieden, aber gleich gewaltig, gleich ewig; „keine ist die erste, keine die letzte; keine ist die größte, keine die kleinste". Keine Person hat das göttliche Wesen mehr oder weniger, als die andere, sondern jede hat das einige göttliche Wesen ganz, denn es sind keine Stücke oder Theile in demselben.

Gegen diese rechte Lehre von Gott hat sich eine Reihe von Ketzern erhoben, die theils das eine göttliche Wesen, theils die drei Personen in dem einen göttlichen Wesen, theils die Wesensgleichheit des Sohnes mit dem Vater leug= neten und leugnen. Die Manichäer waren die Anhänger des Persers Mani, der um 270 nach Christo am neupersischen Hofe lebte und aus heidnischer Vernunftweisheit und einzelnen christlichen Gedanken eine Religion zusammenbrauen wollte. Um den Ursprung des Bösen in der Welt zu erklären, nahm er neben dem guten Gott auch einen bösen an. Die Valentinia= ner, die Anhänger eines gewissen Valentinus, welcher im zweiten Jahrhundert nach Christo Lehrer zu Alexandria und Rom war, nahmen eine Reihe von einander untergeordneten Gottheiten an, die paarweise aus einem göttlichen Urwesen entstanden seien. Die Arianer, Anhänger des Presbyters Arius zu Alexandrien, hielten den HErrn Christus nicht für wahren, wesentlichen Gott, sondern für das erste Geschöpf, welches Gott nur ähnlich sei. Diese Irrlehre wurde auf der zu Nicäa in Kleinasien im Jahre 325 gehaltenen allgemeinen Kirchenversammlung als Ketzerei verdammt. Die Euno= mianer gingen noch weiter als die Arianer und lehrten, Christus sei dem Vater dem Wesen nach unähnlich. Die Mahometisten oder Muhamedaner, die Anhänger des Lügen= propheten Muhamed (gest. 630), nehmen nur eine Person der Gottheit an. Ebenso die alten und neuen Samosatener. Die alten Samosatener waren die Anhänger eines Paulus von Samosata, der seit 260 Bischof zu Antiochia war. Die sogenannten neuen Samosatener traten zur Zeit der Reformation als Leugner der heiligen Dreieinigkeit auf. — Zu unserer Zeit und in unserem Lande verwerfen die Lehre von

einem dreieinigen Gott die Unitarier und Universa=
listen, Swedenborgianer und ein Theil der Quäker.
Ferner die meisten sogenannten freien Protestanten.
Diese letzteren nennen zwar Christum noch Gottes Sohn, ver=
stehen unter dem Ausdruck „Gottes Sohn" aber nur einen be=
sonders tugendhaften und von Gott mit besondern Gaben
ausgerüsteten Menschen. Sie reden auch noch wohl von einem
Heiligen Geist, verstehen darunter aber nicht die dritte
Person der Gottheit, sondern den Geist der Tugend im Men=
schen oder auch den „Zeitgeist". Man hüte sich besonders vor
diesen sogenannten Protestanten, welche die biblischen und
kirchlichen Ausdrücke gebrauchen, um damit die Christen in
ihre Gemeinschaft zu ziehen. Weil sie die Lehre von dem drei=
einigen Gott verwerfen, so stehen sie außerhalb der
christlichen Kirche. Unsere Kirche bekennt in der Apo=
logie der Augsburgischen Confession: „daß alle diejenigen
abgöttisch, Gotteslästerer und außerhalb der Kirche
Christi seien", welche die schriftgemäße Lehre von dem drei=
einigen Gott leugnen. Eine von ihnen vollzogene „Taufe"
ist keine Taufe, weil sie nicht, nach Christi Befehl Matth.
28, 19., im Namen des dreieinigen Gottes taufen, sollten sie
auch dem äußeren Wortlaut nach die richtige Taufformel ge=
brauchen. — In neuerer Zeit haben auch Solche, die sich
Lutheraner nennen, die Irrlehre des Ketzers Arius, wenn
auch etwas verfeinert, wieder aufgewärmt. Diese Neu=
Lutheraner machen einen Unterschied zwischen der Gott=
heit des Sohnes und des Heiligen Geistes und der des
Vaters. Die Gottheit des Sohnes und des Heiligen Geistes
soll der des Vaters untergeordnet sein. So kommt
eine Lehre von einem obersten Gott und zwei Untergöttern
heraus. Hiermit ist geleugnet, daß Gott ein einiger sei,
und die heidnische Vielgötterei wieder in die Kirche ein=
geführt. Die christliche Kirche dagegen hat, wie es im Atha=
nasianischen Symbolum ausgedrückt ist, immer geglaubt:
„Unter diesen drei Personen (des einigen göttlichen Wesens)
ist keine die erste, keine die letzte; keine die größte, keine die
kleinste; sondern alle drei Personen sind mit einander gleich
ewig, gleich groß, auf daß also, wie gesagt ist, drei Personen
in Einer Gottheit und Ein Gott in drei Personen geehret
werde. Wer nun will selig werden, der muß also
von den drei Personen in Gott halten."

Der II. Artikel.

Von der Erbsünde.

Weiter wird bei uns gelehrt, daß nach Adams Fall alle Menschen, so natürlich geboren werden, in Sünden empfangen und geboren werden, das ist, daß sie alle von Mutterleibe an voller böser Lust und Neigung sind und keine wahre Gottesfurcht, keinen wahren Glauben an Gott von Natur haben können; daß auch dieselbige angeborne Seuche und Erbsünde wahrhaftiglich Sünde sei, und verdamme alle die untern ewigen Gottes Zorn, so nicht durch die Taufe und Heiligen Geist wiederum neu geboren werden.

Hieneben werden verworfen die Pelagianer und andere, so die Erbsünde nicht für Sünde haben, damit sie die Natur fromm machen durch natürliche Kräfte, zu Schmach dem Leiden und Verdienst Christi.

––––––

In diesem Artikel wird von der Erbsünde gelehrt 1. es gibt eine Erbsünde, und zwar ist sie allen gemein, die natürlich geboren werden, Pf. 51, 7. Röm. 5, 12. Nicht die Jungfrau Maria ist hier ausgenommen, sondern allein Christus, der nach seiner menschlichen Natur vom Heiligen Geist empfangen wurde; 2. die Erbsünde ist der verderbte Zustand des natürlichen Menschen, nach welchem ihm das göttliche Ebenbild (wahre Gottesfurcht, wahrer Glaube, wahre Liebe) fehlt und er dagegen von Natur voll böser Lust und Neigung ist, 1 Mof. 5, 3. 8, 21.; 3. die Erbsünde ist wahrhaftig Sünde und unterwirft den damit Behafteten Gottes Zorn und Verdammniß, Joh. 3, 5. 6. Ephef. 2, 3. — Die Pelagianer waren die Anhänger des britischen Mönchs Pelagius, der zu Anfang des 5. Jahrhunderts auftrat. Pelagius lehrte, die Kinder kämen ohne das erbsündliche Verderben auf die Welt und befänden sich noch in demselben Zustande, in welchem die ersten Menschen vor dem Sündenfall waren. Daß die meisten Menschen dennoch sündigten, komme allein von der schlechten Erziehung und der Macht der bösen Gewohnheit her. So mußte Pelagius denn auch behaupten, daß der Mensch einer Wiedergeburt durch den Heiligen Geist nicht bedürfe, sondern aus natürlichen Kräften (vielleicht mit etwas Unterstützung von Seiten Gottes, wenn die „böse Gewohnheit" schon sehr mächtig geworden ist) sich selbst tugendhaft und selig machen könne. Es ist leicht einzusehen, wie diese Irrlehre nur geführt werden könne „zu Schmach dem Leiden und Verdienste Christi". Denn könnte der Mensch sich selbst fromm und selig machen, so hätte der HErr Christus ein unnöthiges Werk gethan, indem er für die Menschen den Versöhnungstod erduldete und mit seinem Gehorsam das göttliche Gesetz erfüllte. — Zu den „Andern", welche in unserm Artikel verworfen werden, gehört auch die römische Kirche. Sie ist durch und durch pelagianisch. Sie lehrt, daß des natürlichen Menschen Kraft und Wille zum Guten nur einigermaßen geschwächt sei. Ferner soll nach papistischer Lehre die nach der Taufe im Menschen zurückbleibende böse Lust nicht an sich Sünde sein, sondern nur, wenn sie in böse Handlungen übergehe. — Auch die Secten, Methodisten, Evangelische Gemeinschaft 2c., verkleinern, Zwingli und den alten Wiedertäufern nach, das erbsündliche Verderben des Menschen. Dies zeigt sich z. B. auch darin, daß sie mehr und mehr die Kindertaufe unterlassen.

Der III. Artikel.

Von dem Sohne Gottes.

Item, es wird gelehrt, daß Gott der Sohn sei Mensch worden, geboren aus der reinen Jungfrau Maria, und daß die zwo Naturen, göttliche und menschliche, in Einer Person, also unzertrennlich vereinigt, Ein Christus sind, welcher wahrer Gott und Mensch ist, wahrhaftig geboren, gelitten, gekreuzigt, gestorben und begraben, daß er ein Opfer wäre nicht allein für die Erbsünde, sondern auch für alle anderen Sünden, und Gottes Zorn versöhnete.

Item, daß derselbige Christus sei abgestiegen zur Hölle, wahrhaftig am dritten Tage von den Todten auferstanden, aufgefahren gen Himmel, sitzend zur Rechten Gottes, daß er ewig herrsche über alle Kreaturen und regiere, daß er alle, so an ihn glauben, durch den Heiligen Geist heilige, reinige, stärke und tröste, ihnen auch Leben und allerlei Gaben und Güter austheile, und wider den Teufel und wider die Sünde schütze und beschirme.

Item, daß derselbige HErr Christus endlich wird öffentlich kommen, zu richten die Lebendigen und die Todten 2c., laut des Symboli Apostolorum.

————

Die reformirte Kirche und alle Secten trennen so die beiden Naturen in Christo, daß folgerichtig auch die Person getrennt wird und eigentlich zwei Christus herauskommen. Sie leugnen, daß der Sohn Gottes wahrhaftig gelitten habe und gestorben sei, und wollen das Leiden allein der menschlichen Natur zuschreiben, während die Schrift doch ausdrücklich bezeugt, daß die ganze Person, der Gottes- und Menschensohn, gelitten habe, doch nach und an der menschlichen Natur, Apost. 3, 15. 1 Cor. 2, 8. 1 Joh. 1, 7. 1 Pet. 3, 18. Luther: „Wo der Teufel mir das angewönne, daß ich Christum als einen bloßen Menschen für mich gekreuzigt und gestorben ansähe, so wäre ich verloren. Wenn ich aber den Schatz und das Gewicht daran hänge, daß Christus beide wahrhaftiger Gott und Mensch für mich gestorben ist, das wiegt und schlägt weit über alle Sünde, Tod, Hölle und allen Jammer und Herzeleid.“ — Ein Theil der reformirten Kirche führt auch die Lehre, daß Christus nicht für alle Menschen, wie doch die Schrift aufs deutlichste bezeugt Joh. 1, 29. 3, 16. 1 Joh. 2, 2. 2c., sondern nur für die Auserwählten gestorben sei. — Die römische Kirche lehrt fälschlich, daß Christi Verdienst vollständig nur die Schuld der Erbsünde tilge, die Schuld der Thatsünden müsse der Mensch durch eigene Genugthuung tilgen helfen. — Die Reformirten und alle Secten schließen Christi menschliche Natur von der unendlichen Macht und Herrlichkeit aus. Christus soll nach seinem Leibe im Himmel eingeschlossen sein und nach demselben nicht in der Kirche und sonderlich im heiligen Abendmahl gegenwärtig sein können.

Der IV. Artikel.

Von der Rechtfertigung.

Weiter wird gelehrt, daß wir Vergebung der Sün=
den und Gerechtigkeit vor Gott nicht erlangen
mögen durch unser Verdienst, Werk und Genug=
thun, sondern daß wir Vergebung der Sünden be=
kommen und vor Gott gerecht werden aus Gna=
den um Christus willen durch den Glauben, so
wir glauben, daß Christus für uns gelitten hat, und daß uns
um seinetwillen die Sünden vergeben, Gerechtigkeit und
ewiges Leben geschenkt wird.   Denn diesen Glauben will
Gott für Gerechtigkeit vor ihm halten und zurechnen,
wie St. Paulus sagt zu den Römern am 3. und 4.

Dieser Artikel enthält die Grundlehre des christlichen
Glaubens, wodurch derselbe sich von allen falschen Religionen
unterscheidet. Alle falschen Religionen kommen darin überein,
daß sie den Menschen vor Gott angenehm und selig machen
wollen durch etwas Gutes im Menschen selbst.   Die heilige
Schrift aber lehrt, daß die Gerechtigkeit, mit welcher ein Mensch
vor Gott bestehen und selig werden kann, die Gerechtigkeit
Christi sei, welche Gott aus Gnaden (Röm. 3, 24.), dem
der an Christum glaubt, zurechnet (Röm. 3, 22. 4, 5.).
So ist also das, warum ein Mensch vor Gott gerecht geachtet
wird, nicht ein Werk oder eine Tugend (sie mag heißen, wie sie
wolle) im Menschen, sondern etwas außer ihm, die voll=
kommene Gerechtigkeit Christi, welche derselbe durch sein
stellvertretendes Leben, Leiden und Sterben erworben hat.
— In der äußeren Christenheit wird dieser Artikel, mit wel=
chem die christliche Kirche steht und fällt, am gröbsten von der
römischen Kirche gefälscht, indem sie ausdrücklich lehrt, die
Rechtfertigung bestehe nicht in der gnädigen Zurechnung des
Verdienstes Christi, sondern zur Rechtfertigung seien auch die
Werke des Christen durchaus vonnöthen.   Und weil die
römische Kirche die schriftgemäße Lehre von der Rechtfertigung
nicht blos verwirft, sondern ausdrücklich verflucht, so

liegt auch hier klar zu Tage, daß der Pabst der Antichrist sei. Denn die Lehre von der Rechtfertigung ist, wie die Apologie der Augsburgischen Confession sagt, „der höchste und fürnehmste Artikel der ganzen christlichen Lehre, ohne welchen auch kein arm Gewissen einen rechten, beständigen, gewissen Trost haben mag". — Die Unitarier und „freien Protestanten" verwerfen die christliche Lehre von der Rechtfertigung und lehren heidnisch, daß Gott mit dem Menschen, wenn derselbe sich bestrebe, tugendhaft zu sein, ein Nachsehen habe und ihn so in den Himmel oder, wie sie oft reden, in das „bessere Jenseits" nehme. — Die Reformirten, Methodisten 2c. sagen zwar auch, daß der Mensch aus Gnaden um Christi willen gerecht werde, aber sie heben diese Hauptlehre des Christenthums theilweise wieder auf durch andere falsche Lehren. Sie leugnen z. B. die Zurechnung des thätigen Gehorsams Christi. Die Methodisten verfahren bei ihren „Bekehrungen" so, als ob der Mensch durch seine Reue Gott erst bewegen müsse, ihm die Sünden zu vergeben. — Die Swedenborgianer nennen den Glauben an die Zurechnung der Gerechtigkeit Christi einen Wahnglauben. — Die Mennoniten führen ebenfalls eine ganz papistische Lehre von der Rechtfertigung.

Der V. Artikel.
Vom Predigtamt.

Solchen Glauben zu erlangen, hat Gott das Predigtamt eingesetzt, Evangelium und Sacramente gegeben, dadurch er, als durch Mittel, den Heiligen Geist gibt, welcher den Glauben, wo und wann er will, in denen, so das Evangelium hören, wirkt, welches da lehret, daß wir durch Christus Verdienst, nicht durch unser Verdienst, einen gnädigen Gott haben, so wir solches glauben.

Und werden verdammt die Wiedertäufer und andere, so lehren, daß wir ohne das leibliche Wort des Evangelii den Heiligen Geist durch eigene Bereitung, Gedanken und Werke erlangen.

———

Gerechtigkeit und Seligkeit ist durch Christum für alle Menschen erworben, liegt, so zu sagen, für alle Menschen bereit da. Die Menschen brauchen diese Gerechtigkeit nur anzunehmen, das heißt, zu glauben. So liegt nunmehr alles daran, daß der Mensch den Glauben bekomme. Wie ein Mensch den Glauben erlange, sagt unser Artikel, nämlich: durch das Predigtamt, das heißt, durch die von Gott geordneten Gnadenmittel, das Evangelium und die Sacramente. Durch diese Gnadenmittel wird der Heilige Geist gegeben, welcher in den von Natur zum Glauben untüchtigen Menschen den Glauben wirkt. Röm. 10, 17. Gal. 3, 2. 2 Cor. 3, 8. — Verworfen wird in unserm Artikel namentlich die falsche Lehre der Wiedertäufer, einer schwärmerischen Secte, welche zur Zeit der Reformation entstand. Die Wiedertäufer schrieen zwar viel davon, daß man den Heiligen Geist haben müsse, verwarfen es aber als todten Buchstabendienst, wenn Luther lehrte, Gott gebe Geist und Glauben nur durch das „leibliche Wort des Evangelii". Was diese Schwärmer nicht durch das gehörte, gelesene und betrachtete Wort Gottes empfangen zu können meinten, glaubten sie durch eigene Bereitung, Gedanken und Werke sich erarbeiten zu können. — In den Fußstapfen der Schwarmgeister zur Zeit der Reformation wandeln hierzulande alle Secten. Die Bekehrungstreiberei der methodistischen Gemeinschaften in ihren Klassen= und Lagerversammlungen beruht auf der Verachtung der von Gott geordneten Gnadenmittel, „gerade als könnte — wie Luther in den Schmalkaldischen Artikeln sagt — der Geist durch die Schrift oder mündlich Wort der Apostel nicht kommen, aber durch ihre Schrift und Wort müßte er kommen".

Der VI. Artikel.

Vom neuen Gehorsam.

Auch wird gelehrt, daß solcher Glaube gute Früchte und gute Werke bringen soll, und daß man müsse gute Werke thun, allerlei, so Gott geboten hat, um Gottes willen, doch nicht auf solche Werke zu vertrauen, dadurch Gnade vor Gott zu verdienen; denn wir empfahen Ver=

2*

gebung der Sünden und Gerechtigkeit durch den Glauben an
Christum, wie Christus selbst spricht, Luc. 17.: „So ihr dies
alles gethan habt, sollt ihr sprechen: wir sind untüchtige
Knechte." Also lehren auch die Väter. Denn Ambrosius
spricht: „Also ists beschlossen bei Gott, daß, wer an Christum
glaubt, selig sei, und nicht durch Werke, sondern allein durch
den Glauben ohne Verdienst Vergebung der Sünden habe."

Weil die lutherische Kirche nach der Schrift lehrt, kein
Werk des Menschen nütze dazu, daß ein Mensch vor Gott
gerecht und selig werde, so haben die Papisten von An=
fang an gelästert, die Lutheraner wollten keine guten Werke
gethan wissen, ja, sie verböten die guten Werke. In diesem
Artikel nun bekennt unsere Kirche zunächst, daß ein Christ
gute Werke thun müsse, und zwar „allerlei, so Gott gebo=
ten hat", d. h., nicht solche, welche von Menschen ersonnen
sind (Matth. 15, 9.), sondern die, welche Gott in den heiligen
zehn Geboten fordert. Sodann wird weiter gesagt, warum
ein Christ gute Werke thun müsse, nämlich „um Gottes
willen", das heißt, weil es Gottes heiliger Wille ist, 1 Thess.
4, 3. Aber eine greuliche, das ganze Christenthum
umstoßende und die Menschen in Tod und Ver=
dammniß stürzende Irrlehre ist es, wenn gelehrt wird,
ein Christ müsse gute Werke thun, um sich mit denselben Gnade
und Seligkeit zum halben oder zum geringsten Theil zu ver=
dienen. Damit wird geleugnet, daß Christus den Menschen
Vergebung der Sünden und Seligkeit erworben hat. — Die
Pabstkirche lehrt, daß die guten Werke „wahrhaftig verdie=
nen eine größere Gnade und das ewige Leben". Ja, dieselbe
lehrt sogar, daß ein Mensch noch mehr thun könne, als Gott
eigentlich von ihm fordert. Das sind die sogenannten über=
flüssigen guten Werke, welche die Kirche (der Pabst)
durch den Ablaß Andern zu Gute kommen lassen kann. — Man
merke auch noch, daß es in unserm Artikel heißt: „Auch wird
gelehrt, daß solcher Glaube gute Früchte und gute Werke
bringen soll." Der Glaube ist die Quelle der guten Werke,
Gal. 5, 6. Weit entfernt also, daß der Glaube an die gnä=
dige Vergebung der Sünden allein um Christi willen die guten

Werke hindere, hat vielmehr nur ein solcher Mensch, der da glaubt, daß Gott ihm um Christi willen seine Sünden vergeben, Leben und Seligkeit geschenkt habe, Lust und Kraft, gute Werke zu thun. Nur in dem Herzen des Menschen, welcher durch Wirkung des Heiligen Geistes solchen Glauben hat, wird die Liebe zu Gott entzündet, daß er nun „ohne Zwang willig und lustig wird, jedermann Gutes zu thun, jedermann zu dienen, allerlei zu leiden, Gott zu Liebe und zu Lob, der ihm solche Gnade erzeiget hat". Darum hindern alle diejenigen die guten Werke, ja, machen sie ganz unmöglich, welche den Menschen nicht glauben lassen wollen, daß ihm ohne Verdienst der Werke allein aus Gottes Gnade um des Verdienstes Christi willen Leben und Seligkeit geschenkt werde.

Der VII. Artikel.
Von der Kirche.

Es wird auch gelehrt, daß allezeit müsse Eine heilige christliche Kirche sein und bleiben, welche ist die Versammlung aller Gläubigen, bei welchen das Evangelium rein geprebigt und die heiligen Sacramente laut des Evangelii gereicht werden.

Denn dieses ist genug zu wahrer Einigkeit der christlichen Kirche, daß da einträchtiglich nach reinem Verstand das Evangelium geprebigt und die Sacramente dem göttlichen Wort gemäß gereicht werden. Und ist nicht noth zu wahrer Einigkeit der christlichen Kirche, daß allenthalben gleichförmige Ceremonien, von den Menschen eingesetzt, gehalten werden; wie Paulus spricht Eph. 4, 5. 6.: „Ein Leib, Ein Geist, wie ihr berufen seid zu einerlei Hoffnung euers Berufs, Ein HErr, Ein Glaube, Eine Taufe."

In diesem Artikel wird gelehrt: 1. daß die Kirche nie untergehen wird. Die irdischen Reiche, auch die mächtigsten, sind nach einander untergegangen, die christliche Kirche aber wird trotz aller Befeindung von Seiten der Welt

und des Teufels bleiben bis an den jüngsten Tag (Matth.
16, 16.); 2. wird gelehrt, was die Kirche sei, nämlich
die Gemeinde der Gläubigen. So viele Menschen durch
den Heiligen Geist wahrhaftig wiedergeboren sind und an
Christum als ihren Heiland glauben: die gehören zur christ=
lichen Kirche, die bilden die Eine heilige christliche Kirche,
mögen sie räumlich noch so weit von einander getrennt sein.
Denn die christliche Kirche „stehet fürnehmlich in Gemeinschaft
inwendig der ewigen Güter im Herzen, als des Heiligen
Geistes, des Glaubens, der Furcht und der Liebe Gottes", wie
es in der Apologie der Augsburgischen Confession heißt.
3. wird gesagt, welches die Kennzeichen seien, an denen er=
kannt werden kann, wo die christliche Kirche sei. Diese
Kennzeichen sind: die reine Predigt des Evangeliums und die
rechte Verwaltung der Sacramente. Es heißt ebenfalls in der
Apologie: „Wir reden nicht von einer erdichteten Kirche, die
nirgend zu finden sei, sondern wir sagen und wissen fürwahr,
daß diese Kirche wahrhaftig auf Erden ist und bleibet, nämlich
daß etliche Kinder Gottes sind hin und wieder in aller Welt,
in allerlei Königreichen, Inseln, Ländern, Städten, vom Auf=
gang der Sonne bis zum Niedergang, die Christum und das
Evangelium recht erkannt haben, und sagen, dieselbige
Kirche habe diese äußerlichen Zeichen: das Pre=
bigtamt oder das Evangelium und die Sacra=
mente." — Auch in den Sectengemeinschaften, in welchen
Gottes Wort nicht ganz rein gepredigt wird und die Sacra=
mente nicht völlig der Einsetzung Christi gemäß verwaltet wer=
den, gibt es noch Kinder Gottes. Aber diese Kinder Gottes
haben Glauben und geistliches Leben nur durch das noch übrig
gebliebene reine Wort und Sacrament. Und durch diese
Stücke des reinen Worts und Sacraments wird auch dort die
Kirche offenbar. — Wird einträchtiglich nach reinem Verstand
das Evangelium gepredigt und werden die Sacramente der
Einsetzung gemäß verwaltet, so ist das genug zu wahrer Einig=
keit der christlichen Kirche. Man darf nicht mehr, als
zur wesentlichen Einigkeit gehörig, fordern. Die
Papisten und die Episcopalen fordern fälschlich auch
Einerleiheit in den kirchlichen Gebräuchen, Formen des
Gottesdienstes und der äußeren Verfassung. Man darf
aber auch nicht weniger fordern als die rechte Predigt
des Wortes Gottes und die stiftungsgemäße Verwaltung der

Sacramente. In den unirten Kirchengemeinschaften wird
namentlich auch die falsche reformirte Lehre gebuldet, und in
den deutschen sogenannten lutherischen Landes=
kirchen finden auch solche Lehrer Herberge, die in vielen
Stücken den reinen Verstand des Evangeliums verlassen haben,
ja auch heidnisch=rationalistische Lehre in Wort und Schrift
vortragen. In diesen Kirchengemeinschaften gibt es daher
wohl einzelne lutherisch=gläubige Glieder und einzelne luthe=
risch=gläubige Prediger, aber die Gemeinschaften als solche
haben nicht die Gestalt, welche sie nach Gottes Wort und
unserm Bekenntniß haben sollen. Es wird in diesen Gemein=
schaften wohl hin und wieder und von diesem oder jenem
Pastor, aber nicht einträchtiglich, das heißt, von allen,
nach reinem Verstand das Evangelium gepredigt. Darum ist
jeder Christ verbunden, diese Gemeinschaften zu verlassen und
sich an solche anzuschließen, die in allen Stücken an Christi
Rede bleiben.

Der VIII. Artikel.
Was die Kirche sei.

Item, wiewohl die christliche Kirche eigentlich nichts
anders ist, denn die Versammlung aller Gläubigen und Hei=
ligen, jedoch dieweil in diesem Leben viel falscher Christen
und Heuchler sind, auch öffentliche Sünder unter den From=
men bleiben, so sind die Sacramente gleichwohl kräftig, ob=
schon die Priester, dadurch sie gereicht werden, nicht fromm
sind; wie denn Christus selbst anzeigt Matth. 23, 2.: „Auf
dem Stuhl Moses sitzen die Pharisäer" ꝛc.

Derhalben werden die Donatisten und alle andere ver=
dammt, so anders halten.

———

In diesem Artikel wird noch einmal ausdrücklich erklärt:
Glieder der Kirche sind nur die Gläubigen. Aber
der äußeren Gemeinschaft der Kirche werden auch stets Un=
gläubige und Heuchler beigemischt sein. Den Glauben kann
ja kein Mensch sehen. So drängen sich allezeit auch solche
Leute in die äußere Gemeinschaft der Kirche ein, die nicht

wahrhaft glauben, sei es, daß sie den Glauben erheucheln, sei
es, daß sie in Selbsttäuschung sich für Gläubige halten, wäh=
rend sie doch unwiedergeborne Menschen sind. Um dieser Nicht=
gläubigen willen aber, welche ihr beigemischt sind, hört eine
Gemeinde nicht auf, eine wahre christliche Gemeinde zu sein.
Ferner kann es durch Gottes Zulassung auch wohl kommen,
daß eine Gemeinde jemand in das Predigtamt beruft, der kein
wiedergeborner Mensch ist. Aber die Predigt des Wortes
Gottes und die Verwaltung der Sacramente von einem nicht
wahrhaft gläubigen Prediger ist doch giltig und kräftig, weil
er n i ch t f ü r s e i n e P e r s o n predigt, tauft, absolvirt, das
Abendmahl reicht, sondern i m N a m e n u n d A u f t r a g d e r
Gemeinde und „weil die Sacramente und das Wort wirk=
sam sind we gen C h r i s t i E i n s e tz u n g u n d B e f e h l". —
Die D o n a t i s t e n, eine im 4. Jahrhundert entstandene Secte,
lehrten, daß nur d i e G e m e i n s ch a f t eine wahre Kirche sei, der
gar keine Ungläubigen und Heuchler beigemischt seien. Die
Amtshandlungen ungläubiger Prediger seien nichtig und kraft=
los. — Die r ö m i s ch e K i r ch e hält alle diejenigen für wahre
Glieder der Kirche, welche äußerlich den Satzungen der Kirche
(des Pabstes) gehorchen. — Selbst manche moderne L u t h e =
r a n e r halten alle Getauften für Glieder der Kirche, wenn sie
auch längst den Glauben verloren haben, ja, Gottesleugner
geworden sind.

Der IX. Artikel.
Von der Taufe.

Von der Taufe wird gelehrt, daß sie nöthig sei und daß
dadurch Gnade angeboten werde, daß man auch die Kinder
taufen soll, welche durch solche Taufe Gott überantwortet
und gefällig werden.

Derhalben werden die Wiedertäufer verworfen, welche
lehren, daß die Kindertaufe nicht recht sei.

Die Secte der Wiedertäufer verwarf die Kindertaufe,
weil sie gegen die Schrift (Matth. 18, 3. 6. Marc. 10,
13—16. Matth. 19, 13. 14.) lehrte, die Kinder könnten nicht
glauben. Aus demselben Grunde verwerfen hierzulande die

Baptisten und Mennoniten die Kindertaufe. — Es heißt in unserem Artikel, daß durch die Taufe „Gnade an= geboten", das ist, dargeboten und dargereicht werde. Die Taufe ist also ein Mittel, durch welches Gott dem Täufling die Gnade darreicht und woraus der Glaube dieselbe nehmen kann und soll (Luc. 7, 30. Apost. 2, 38. Gal. 3, 27.). Die Reformirten und alle Secten machen die Taufe zu einem bloßen Zeichen der Gnade und wollen dieselbe nicht ein Mittel sein lassen, durch welches Gott wirklich die Ver= gebung der Sünden darreicht. — Ferner heißt es in unserem Artikel, daß die Kinder durch die Taufe Gott „gefällig werden". Die Taufe ist nämlich das Bad der Wieder= geburt, d. h., ein Bad, durch welches der Heilige Geist die Wiedergeburt wirkt (Tit. 3, 5. Joh. 3, 5.). Dies leugnen ebenfalls die Reformirten und die Secten. Der Heidel= berger Katechismus will die Taufe nur ein „Pfand und Wahrzeichen" der Wiedergeburt sein lassen.

Der X. Artikel.
Vom heiligen Abendmahl.

Vom Abendmahl des HErrn wird also gelehrt, daß wahrer Leib und Blut Christi wahrhaftiglich unter der Ge= stalt des Brods und Weins im Abendmahl gegenwärtig sei und da ausgetheilt und genommen wird. Derhalben wird auch die Gegenlehre verworfen.

––––––

Die Gegenlehre, welche mit der hier bekannten Lehre im Widerspruch steht und daher verworfen wird, ist: 1. Die falsche Lehre der Reformirten und anderer Secten. Diese leugnen, gegen den klaren Wortlaut der Einsetzungs= worte, daß im Abendmahl Christi Leib und Blut wahrhaftig gegenwärtig sei, da ausgetheilt und von allen Abendmahls= gästen empfangen werde. Brod und Wein im Abendmahl sollen nur Sinnbilder und Wahrzeichen des abwesen= den, im Himmel eingeschlossenen Leibes und Blutes Christi sein. Der gläubige Abendmahlsgast müsse sich mit seiner An= dacht in den Himmel erheben und so geistlich Christi Leib und Blut genießen. Der Ungläubige empfange daher im

Sacrament weiter nichts als Brod und Wein. 2. Die falsche Lehre der römischen Kirche. Die Papisten lehren, Brod und Wein werde in Kraft der priesterlichen Consecration in den Leib und das Blut Christi verwandelt. Diese Verwandlungslehre streitet gegen 1 Cor. 10, 16. 11, 27. 28. Paulus nennt auch nach der Consecration oder Segnung Brod und Wein, also muß beides auch da sein. Ueber die Verstümmelung des Abendmahls von Seiten der Papisten, indem sie den Laien den Kelch entziehen, siehe den 22. Artikel der Augsburgischen Confession; über den Mißbrauch, welcher mit dem Abendmahl in der Messe getrieben wird, den 24. Artikel. — Die lutherische Kirche verwirft also sowohl die falsche Lehre der Papisten, daß Brod und Wein im Abendmahl in Christi Leib und Blut verwandelt werde, als auch die falsche Lehre der Reformirten, daß Brod und Wein nur Leib und Blut Christi bedeute oder abbilde; sie lehrt vielmehr, daß zugleich mit dem Brode Christi wahrer Leib und mit dem Weine Christi wahres Blut gereicht und von Allen, Gläubigen und Ungläubigen, empfangen werde, von den Gläubigen zur Versicherung der Vergebung ihrer Sünden, von den Ungläubigen zum Gericht (1 Cor. 11, 27. 29.).

Der XI. Artikel.

Von der Beichte.

Von der Beichte wird also gelehrt, daß man in der Kirche privatam absolutionem erhalten und nicht fallen lassen soll; wiewohl in der Beichte nicht noth ist, alle Missethat und Sünden zu erzählen, dieweil doch solches nicht möglich ist, Pf. 19, 13.: „Wer kennet die Missethat?"

———

Verworfen ist hier die papistische Ohrenbeichte, nach welcher der Beichtende gezwungen ist, alle Todsünden namhaft zu machen, widrigenfalls er keine Vergebung derselben von Gott empfange. Der Priester nimmt nach der falschen römischen Lehre in der Beichte die Stelle eines Richters ein, der nach Sünden zu forschen und nach Befund auch Strafen aufzuerlegen hat. — Falsche Lehre der Reformirten und anderer Secten. Ein Prediger soll nicht die Macht haben, an Gottes Statt Sünden zu vergeben, sondern soll nur im allgemeinen Vergebung der Sünden ankündigen. Dagegen lehrt die lutherische Kirche nach Gottes Wort (Joh. 20, 23. 2 Cor. 2, 10. 2 Sam. 12, 13. Matth. 3, 6. 18, 17—20.): der Prediger kann und soll auf Christi Befehl und an Christi Statt die Sünden vergeben dem, der solche Vergebung begehrt, und der Christ soll dafür halten, „die Sünden seien dadurch vergeben vor Gott im Himmel", denn die Absolution ist „nicht des gegenwärtigen Menschen Stimme und Wort, sondern Gottes Wort, der da die Sünde vergibt." Hauptsächlich um dieser tröstlichen Absolution willen behalten wir Lutheraner die Privatbeichte bei, für die Luther nicht tausend Welten nehmen wollte. — Man verwechsele nicht, wie es hierzulande von Unwissenden oft geschieht, die römische Ohren=beichte mit der lutherischen Privatbeichte.. Die Ohren=beichte ist eine papistische Lüge und eine Marter der Gewissen, die lutherische Privatbeichte eine auf Schriftgrund ruhende kirchliche Ordnung, welche den Angefochtenen großen Trost ge=währt. Man lese hierüber weiter den 25. Artikel der Augs=burgischen Confession nach.

Der XII. Artikel.
Von der Buße.

Von der Buße wird gelehrt, daß diejenigen, so nach der Taufe gesündigt haben, zu aller Zeit, so sie zur Buße kommen, mögen Vergebung der Sünden erlangen, und ihnen die Ab=solution von der Kirche nicht soll geweigert werden; und ist wahre rechte Buße eigentlich Reu und Leid oder Schrecken haben über die Sünde, und doch daneben glauben an das Evangelium und Absolution, daß die Sünden vergeben und durch Christum Gnade erworben sei; welcher Glaube wie=derum das Herz tröstet und zufrieden macht. Darnach soll auch Besserung folgen, und daß man von Sünden lasse; denn dies sollen die Früchte der Buße sein, wie Johannes spricht Matth. 3, 8.: „Wirket rechtschaffene Früchte der Buße."

Hie werden verworfen die, so lehren, daß diejenigen, so einst*) sind fromm worden, nicht wieder fallen mögen.

Dagegen werden auch verdammt die Novatiani, welche die Absolution denen, so nach der Taufe gesündigt hatten, weigerten.

Auch werden die verworfen, so nicht lehren, daß man durch Glauben Vergebung der Sünden erlange, sondern durch unser Genugthun.

———

Die Irrlehre, daß die einmal Bekehrten nicht wieder den Heiligen Geist verlieren und gänzlich aus der Gnade fallen könnten, führten zur Zeit der Reformation die Wiedertäufer. Dasselbe lehren die calvinistischen Reformirten, Presbyterianer, calvinistischen Baptisten und calvinistischen Methodisten. Diese sagen, die wahrhaft Wiedergebornen verlieren durch Sündenfälle nur das Gefühl der Gnade, nicht die Gnade selbst. Dagegen lehrt Gottes Wort klar, daß auch Solche, die wahrhaft wiedergeboren und gläubig waren, durch muthwillige Sünden gänzlich Gnade und Glauben verlieren können, Gal. 4, 19. 1 Tim. 1, 19. Gal. 5, 4. — Die Secte der Novatianer entstand um die Mitte des 3. Jahrhunderts. Sie wollten diejenigen, welche nach der Taufe in gröbere Sünden gefallen waren, auch wenn sie Buße thaten, nicht wieder durch die Absolution in die Kirche aufnehmen. Durch dieses Verfahren glaubten sie ein ernstes christliches Leben am meisten befördern zu können. Und doch befanden sie sich in einem schrecklichen Irrthum, den darum unsere Kirche auch aufs ernstlichste verwirft. Zwar hat jede christliche Gemeinde die heilige Pflicht, die Sünden ihrer Glieder mit Gottes Wort zu strafen, ja, die unbußfertigen öffentlichen Sünder schließlich aus der Gemeinde auszuschließen. Aber thut ein Sünder wahre Buße und sucht er wieder die Gemeinschaft der christlichen Kirche, so darf die Gemeinde einem solchen die Absolution nicht verweigern, selbst wenn er die abscheulichste Sünde begangen hätte und zu befürchten wäre, daß die heuchlerische, selbstgerechte Welt solche Gemeinde verspotte. Der HErr Christus hat sich des Schächers am Kreuz auch nicht geschämt. — Die

———

*) d. i. einmal.

britte verworfene Irrlehre führen zunächst die Papisten. Sie lehren, die Buße bestehe aus drei Stücken: der Reue im Herzen, dem Bekennen der Sünden mit dem Munde und der Genugthuung durch die Werke. Alle drei Stücke, namentlich das letztere, sollen verdienstliche Kraft haben. Bei dieser Lehre von der Buße kann natürlich kein geängstetes Gewissen zur Ruhe kommen. Denn weil die Versöhnung mit Gott auf Menschenwerke gestellt wird und ein aufgewachtes Gewissen gar wohl die Unvollkommenheit derselben erkennt, so muß der Mensch immer in Ungewißheit bleiben, ob er wirklich mit Gott versöhnt sei. — Dagegen wird in diesem Artikel gelehrt, die wahre Buße bestehe aus zwei Stücken: der Reue und dem Glauben. Ein Mensch muß erstlich „Reue und Leid oder Schrecken haben über die Sünde", das heißt, sich als einen verlorenen und verdammten Sünder erkennen; zum andern soll er glauben an das Evangelium und Absolution, daß ihm die Sünde um Christi willen vergeben sei. Ist so das Herz durch die Vergebung der Sünden getröstet und fröhlich gemacht, dann soll und wird auch Besserung des Lebens folgen. Die Besserung des Lebens aber ist, genau geredet, kein Theil der Buße, sondern eine Frucht und Folge derselben.

Der XIII. Artikel.
Vom Gebrauch der Sacramente.

Vom Brauch der Sacramente wird gelehrt, daß die Sacramente eingesetzt sind nicht allein darum, daß sie Zeichen seien, dabei man äußerlich die Christen kennen möge, sondern daß es Zeichen und Zeugnisse sind göttliches Willens gegen uns, unsern Glauben dadurch zu erwecken und zu stärken; derhalben sie auch Glauben fordern und dann recht gebraucht werden, so mans im Glauben empfähet und den Glauben dadurch stärket.

———

Die Sacramente sind allerdings auch Zeichen, dabei man äußerlich die Christen kennen möge. Taufe und Abendmahl findet man allein in der christlichen Kirche. Die Taufe und Abendmahl gebrauchen, wollen und sollen auch dadurch als

Christen erkannt werden. Darum ist es z. B. auch Sünde, mit offenbaren Ungläubigen und Falschgläubigen in Abendmahlsgemeinschaft zu stehen, 1 Cor. 10, 21. Doch ist es nicht der nächste und vornehmste Zweck der Sacramente, äußere Erkennungszeichen zu sein. Ihr Hauptzweck ist, „Zeichen und Zeugnisse des göttlichen Willens" gegen uns zu sein, das heißt, sie sagen und bezeugen Jedem, der sie gebraucht, wie Gott es mit ihm meine, nämlich, daß Gott ihm in diesen Sacramenten und durch dieselben um Christi willen Vergebung der Sünden, Leben und Seligkeit schenke. Durch seine Taufe und durch das heilige Abendmahl erhält jeder Christ für seine Person eine zuverlässige und deutliche Antwort auf die wichtige Frage: „was für Gedanken hat Gott gegen mich?" Die Reformirten und alle Secten leugnen es, daß durch die Sacramente selbst Vergebung der Sünden dargereicht werde; sie wollen eine Versicherung der Vergebung neben den Sacramenten. Daher können ihnen dieselben auch nicht untrügliche „Zeichen und Zeugnisse" des göttlichen Willens gegen den Einzelnen sein. — Der Glaube oder der Unglaube derer, die das Sacrament gebrauchen, ändert zwar nichts an dem Wesen der Sacramente, wie die Reformirten und die Secten fälschlich lehren, Röm. 3, 3. 4.: wohl aber ist der Glaube nöthig zu einem gesegneten Gebrauch derselben. Das folgt aus der Natur der Sacramente. Sie sind Zeichen und Zeugnisse des göttlichen Willens. Durch sie bezeugt Gott Jedem, der sie gebraucht, daß er ihm Gnade und Seligkeit schenke. Dieses Bezeugen fordert Glauben. Verworfen ist hiermit die Lehre der Papisten, nach welcher die Sacramente auch heilsam wirken sollen vermöge des bloßen gethanen Werks (ex opere operato), ganz abgesehen von dem Glauben oder Unglauben dessen, der das Sacrament gebraucht.

Der XIV. Artikel.

Vom Kirchen-Regiment.

Vom Kirchen-Regiment wird gelehrt, daß niemand in der Kirche öffentlich lehren oder predigen, oder Sacramente reichen soll ohne ordentlichen Beruf.

———

Dieser Artikel handelt vom öffentlichen Predigt=
amt. Alle Christen sind nach Gottes Wort (1 Petr. 2, 9.
Offenb. 1, 6. 5, 10.) geistliche Priester. Aber daneben
hat Gott auch ein öffentliches Lehramt, das heilige Predigtamt
oder Pfarramt, gestiftet (Eph. 4, 11. Apost. 20, 28.). Und
dieses öffentliche Lehramt sollen nur diejenigen ausüben, welche
ordentlich dazu berufen sind. Wer daher ohne ordnungs=
mäßigen Beruf sich dieses Amt anmaßt, der übertritt Gottes
Ordnung und versündigt sich schwer (Röm. 10, 15. Ebr. 5, 4.
1 Petr. 4, 15. 5, 2.). Ein ordnungsmäßiger Beruf aber ist
ein solcher, der von der Gemeinde, welcher der HErr Christus
die Schlüsselgewalt gegeben hat (Matth. 18, 18—20.), aus=
geht. Die Schwärmer zur Zeit Luthers gaben vor, es genüge
der sogenannte innere Beruf, um öffentlich lehren zu dürfen.
Aber abgesehen davon, daß solcher „innerer" Beruf meistens
auf Einbildung und Selbstbetrug beruht, so muß zu einem
inneren Beruf nothwendig auch der äußere durch die Ge=
meinde kommen, wenn jemand gewiß sein will, daß er nach
Gottes Willen öffentlich lehrt. Den Irrthum der alten
Wiedertäufer hegen zu unserer Zeit namentlich die Quäker,
Universalisten und Darbysten.

Der XV. Artikel.
Von Kirchen=Ordnungen.

Von Kirchen=Ordnungen, von Menschen gemacht,
lehrt man diejenigen halten, so ohne Sünde mögen gehalten
werden und zu Frieden, zu guter Ordnung in der Kirche die=
nen, als gewisse Feier, Festa und dergleichen. Doch geschieht
Unterricht dabei, daß man die Gewissen nicht damit beschwe=
ren soll, als sei solch Ding nöthig zur Seligkeit. Darüber
wird gelehrt, daß alle Satzungen und Traditionen, von
Menschen dazu gemacht, daß man dadurch Gott versöhne
und Gnade verdiene, dem Evangelio und der Lehre vom
Glauben an Christum entgegen seien; derhalben seien
Klostergelübde und andere Traditionen von Unterschied der
Speise, Tage zc., dadurch man vermeint Gnade zu verdie=

nen und für Sünden genug zu thun, untüchtig und wider
das Evangelium.

Dieser Artikel handelt von Ordnungen und Einrichtungen
in der Kirche, welche nicht von Gottes Wort geboten, sondern nur von Menschen eingeführt
sind. Hierher gehört die Feier bestimmter Tage, als des
Sonntages, der Feste, kirchlicher Gedächtnißtage, das Fasten
und dergleichen. Solche von Menschen aufgerichtete Ordnungen sind wohl zu unterscheiden von dem, was Gott ausdrücklich in seinem Wort geboten hat. An diesem letzteren
darf bei Gottes Zorn und Ungnade niemand etwas ändern,
Offenb. 22, 18. 19. Aber Gebräuche und Ordnungen, welche
nicht in Gottes Wort geboten sind, hält ein Christ um der
Liebe und des Friedens willen (1 Cor. 9, 19. 14, 33.),
vorausgesetzt, daß sie ohne Sünde gehalten werden mögen und
zu Friede und guter Ordnung in der Kirche dienen (1 Cor.
14, 40.). Aber seelenverderblich werden solche Menschen-
ordnungen, 1. wenn die Gewissen damit beschwert, das heißt,
wenn sie für Gottes Gebote ausgegeben werden und als
solche gehalten werden sollen. Kein Christ, kein Prediger und
keine Gemeinschaft von Christen hat das Recht, einem andern
Christen etwas zu gebieten, was Gott nicht geboten hat (Gal.
5, 1. 1 Cor. 7, 23.). Wer sich in geistlichen Dingen auch
von Menschen etwas gebieten läßt, setzt in diesem Stücke
Christum als seinen Herrn ab und wird ein Menschenknecht.
2. wenn sie gehalten werden in dem Wahn, dadurch Gottes
Gnade zu verdienen. In diesem Falle wird der Hauptartikel
der christlichen Lehre, daß ein Mensch allein durch Christi
Verdienst Gnade und Seligkeit habe, umgestoßen. — Unser
Artikel ist zunächst gegen das Pabstthum gerichtet. In der
Pabstkirche werden Menschengebote für Gottes Gebote aus-
gegeben und der Gehorsam gegen dieselben wird bei Verlust
der Seelen Seligkeit gefordert. Sodann wird weiter gelehrt,
daß das Halten dieser Menschengebote, z. B. der Fasten, der
Klostergelübbe 2c., verdienstlich sei. — Auch die Episco-
palen, Presbyterianer, Methodisten 2c. fordern das
Halten ihrer Kirchenordnungen, wie das Halten der Gebote
Gottes. — Die Methodisten 2c. bezeichnen Vieles in den
Dingen des äußeren Lebens als sündlich, was Gott frei-
gelassen hat.

Der XVI. Artikel.

Von Polizei und weltlichem Regiment.

Von Polizei und weltlichem Regiment wird gelehrt, daß alle Oberkeit in der Welt und geordnete Regimente und Gesetze gute Ordnung, von Gott geschaffen und eingesetzt sind; und daß Christen mögen in Oberkeit=, Fürsten= und Richteramt ohne Sünde sein, nach kaiserlichen und andern üblichen Rechten Urtheil und Recht sprechen, Uebelthäter mit dem Schwert strafen, rechte Kriege führen, streiten, kaufen und verkaufen, aufgelegte Eide thun, Eigenes haben, ehelich sein 2c.

Hie werden verdammt die Wiedertäufer, so lehren, daß der Obangezeigten keines christlich sei.

Auch werden diejenigen verdammt, so lehren, daß christliche Vollkommenheit sei, Haus und Hof, Weib und Kind leiblich verlassen und sich der vorberührten Stücke äußern; so doch dies allein rechte Vollkommenheit ist: rechte Furcht Gottes und rechter Glaube an Gott; denn das Evangelium lehrt nicht ein äußerlich, zeitlich, sondern innerlich, ewig Wesen und Gerechtigkeit des Herzens, und stößt nicht um weltlich Regiment, Polizei und Ehestand, sondern will, daß man solches alles halte als wahrhaftige Ordnung, und in solchen Ständen christliche Liebe und rechte gute Werke, ein jeder nach seinem Beruf, beweise. Derhalben sind die Christen schuldig, der Oberkeit unterthan und ihren Geboten gehorsam zu sein in allem, so ohne Sünde geschehen mag; denn so der Oberkeit Gebot ohne Sünde nicht geschehen mag, soll man Gott mehr gehorsam sein, denn den Menschen. Actor. 5, 29.

Die weltliche Obrigkeit ist Gottes Ordnung. Darum können auch Christen ohne Sünde in obrigkeitlichen Aemtern sein und alle Obliegenheiten derselben erfüllen. Daraus folgt aber auch ferner, daß ein Christ der weltlichen Obrigkeit Gehorsam schuldig sei, wie das auch klar in Gottes Wort gesagt ist, z. B. Röm. 13, 1—7. 1 Petr. 2, 13—20. Nur wenn der Fall eintritt, daß die Obrigkeit etwas von den Christen verlangt, was wider Gottes Wort ist, z. B., wenn die Obrigkeit ihnen einen falschen Glauben aufbringen und überhaupt in kirchlichen Dingen etwas befehlen wollte: dann träte der Fall ein, daß sie der Obrigkeit den Gehorsam versagen und Gott mehr gehorchen müßten, als den Menschen, Apost. 5, 29. — Die in diesem Artikel verworfene wiedertäuferische Irrlehre führen hierzulande sonderlich die Mennoniten und Quäker. Diese sagen, ein Christ dürfe kein obrigkeitliches Amt verwalten und es sei Sünde, Kriege zu führen, Uebelthäter mit dem Tode zu bestrafen und einen von der Obrigkeit geforderten Eid zu leisten. — Ferner wird in unserem Artikel das Mönchswesen verworfen. Durch das Mönchsthum wird ein falscher Begriff von einem wahrhaft christlichen Leben eingeführt. Die christliche Vollkommenheit besteht nicht in äußerlicher Weltflucht, sondern darin, daß ein Christ in wahrem Glauben und rechter Furcht Gottes sich finden lasse und in dem weltlichen Stande, in welchen Gott ihn gestellt hat, dem Nächsten in Liebe diene.

Der XVII. Artikel.

Von der Wiederkunft Christi zum Gericht.

Auch wird gelehrt, daß unser HErr JEsus Christus am jüngsten Tage kommen wird, zu richten, und alle Todten auferwecken, den Gläubigen und Auserwählten ewiges Leben und ewige Freude geben, die gottlosen Menschen aber und die Teufel in die Hölle und ewige Strafe verdammen.

Derhalben werden die Wiedertäufer verworfen, so lehren, daß die Teufel und verdammten Menschen nicht ewige Pein und Qual haben werden.

Item, hie werden verworfen etliche jüdische Lehren, die sich auch jetzund ereignen, daß vor der Auferstehung der Todten eitel Heilige, Fromme ein weltlich Reich haben und alle Gottlosen vertilgen werden.

Die Ewigkeit der Höllenstrafen leugnen hierzulande namentlich die Unitarier und Universalisten. Doch so klar die heilige Schrift eine ewige Seligkeit der Gläubigen lehrt, so klar lehrt sie auch eine ewige Verdammniß der Ungläubigen, Matth. 25, 46. Dan. 12, 2. Marc. 9, 42—48. Offenb. 20, 10. Wie alle Irrthümer, so hat auch dieser Irrthum, durch welchen die Ewigkeit der Höllenstrafen geleugnet wird, seinen Grund darin, daß man in Gottes Sachen nach seinem eigenen Kopf und Gefühl urtheilen will. Unter dem Schein des Mitleids und der Barmherzigkeit wird Gottes Wort umgestoßen. — Mit den hier verworfenen „jüdischen Lehren" ist auch der in unserer Zeit so beliebte und so weit verbreitete Chiliasmus verworfen, das ist, die Lehre von einem noch in der Zukunft liegenden tausendjährigen herrlichen, sichtbaren Reiche Christi hier auf Erden. Die heilige Schrift lehrt klar und deutlich, das Reich Christi werde bis an den jüngsten Tag die Kreuzesgestalt tragen, ja, daß es je mehr unter dem Kreuz sein werde, je mehr sich der jüngste Tag nähert, Matth. 24, 6. ff. V. 37. ff. Luc. 18, 8. Matth. 13, 24—30. Solche klare Stellen muß man nicht durch eine vor ihrer Erfüllung dunkle Weissagung, wie Offenb. 20., aufheben wollen.

Der XVIII. Artikel.
Vom freien Willen.

Vom freien Willen wird gelehrt, daß der Mensch etlichermaßen einen freien Willen hat, äußerlich ehrbar zu leben und zu wählen unter den Dingen, so die Vernunft begreift; aber ohne Gnade, Hilfe und Wirkung des Heiligen Geistes vermag der Mensch nicht, Gott gefällig zu werden, Gott herzlich zu fürchten, oder zu glauben, oder die angeborne böse Lust aus dem Herzen zu werfen; sondern solches

3*

geschieht durch den Heiligen Geist, welcher durch Gottes
Wort gegeben wird; denn Paulus spricht 1 Cor. 2, 14.:
„Der natürliche Mensch vernimmt nichts vom Geist Gottes.“

Und damit man erkennen möge, daß hierin keine Neuig=
keit gelehrt werde, so sind das die klaren Worte Augustini
vom freien Willen, wie jetzund hiebei geschrieben aus dem
3. Buch Hypognosticon: „Wir bekennen, daß in allen Men=
schen ein freier Wille ist; denn sie haben je alle natürlichen,
angebornen Verstand und Vernunft, nicht, daß sie etwas
vermögen mit Gott zu handeln, als, Gott von Herzen zu
lieben, zu fürchten; sondern allein in äußerlichen Werken
dieses Lebens haben sie Freiheit, Gutes oder Böses zu wäh=
len; Gutes, mein ich, das die Natur vermag, als, auf dem
Acker zu arbeiten oder nicht, zu essen, zu trinken, zu einem
Freunde zu gehen oder nicht, ein Kleid an oder auszuthun,
zu bauen, ein Weib zu nehmen, ein Handwerk zu treiben und
dergleichen etwas Nützliches und Gutes zu thun; welches
alles doch ohne Gott nicht ist noch bestehet, sondern alles aus
ihm und durch ihn ist. Dagegen kann der Mensch auch
Böses aus eigener Wahl vornehmen, als, vor einem Abgott
niederzuknieen, einen Todtschlag zu thun“ ꝛc.

––––––

Unter freiem Willen versteht man das Vermögen des
Menschen, Gutes oder Böses vorzunehmen nach
eigener Wahl und aus eigenen Kräften. Hat der
Mensch einen solchen freien Willen? Um diese Frage recht zu
beantworten, muß man unterscheiden zwischen äußerlichen
oder bürgerlichen und geistlichen oder himmlischen Dingen.
In den ersteren Dingen hat der natürliche Mensch etlicher=
maßen einen freien Willen, in den letzteren ist der freie Wille
nichts. Der natürliche Mensch kann etwas für dieses Leben
Nützliches lernen oder nicht, ein Handwerk treiben oder nicht;
ja, der Mensch kann aus natürlichen Kräften auch äußerlich
und bürgerlich rechtschaffen sein, so daß der weltliche
Richter nichts an ihm zu strafen findet. Die meisten Menschen

zwar bringen es auch nicht zu dieser äußeren Gerechtigkeit, wie die tägliche Erfahrung ausweis't. Deshalb sagt unser Bekenntniß, daß der Mensch etlichermaßen einen freien Willen habe, äußerlich ehrbar zu leben. In den geistlichen Dingen aber vermag der natürliche Mensch gar nichts. Er hat auch nicht ein Fünklein Kraft, sich zu Gott zu bekehren, Gottes Wort zu glauben, Gott wahrhaft zu fürchten und zu lieben. Das sagt die heilige Schrift ganz klar 1 Cor. 2, 14. Ps. 14, 3. 1 Mos. 8, 21., sie nennt den Menschen in Sünden todt, Ephes. 2, 1. Col. 2, 13. Wenn ein Mensch bekehrt wird, Gottes Wort glaubt und anfängt, Gott herzlich zu fürchten und zu lieben: so hat das Gott selbst durch den Heiligen Geist in ihm gewirkt, 1 Cor. 12, 3. Phil. 2, 13. Wo dies nicht nach Gottes Wort gelehrt und geglaubt wird, da ist die ganze Lehre und das ganze Christenthum krank. Da wird Gott die Ehre geraubt, daß er allein es ist, der um Christi willen die Menschen selig macht. Darum hat die lutherische Kirche auch immer auf das entschiedenste jeden Irrthum bekämpft, welcher dem Menschen irgend welche Kraft zuschreibt, in seiner Bekehrung mitzuwirken, sich in derselben selbst zu entscheiden 2c. In der Concordienformel bekennen wir, „daß in des Menschen Natur nach dem Fall vor der Wiedergeburt nicht ein Fünklein der geistlichen Kräfte übrig geblieben noch vorhanden, mit welchen er aus ihm selber sich zur Gnade Gottes bereiten oder die angebotene Gnade annehmen, noch derselben für und von sich selbst fähig sein, oder sich dazu appliciren oder schicken könne, oder aus seinen eigenen Kräften etwas zu seiner Bekehrung weder zum ganzen noch zum halben oder zu einigem dem wenigsten oder geringsten Theil helfen, thun, wirken oder mitwirken vermöge." — Alle diejenigen, welche das erbsündliche Verderben des Menschen leugnen oder verkleinern, schreiben demselben natürlich auch ganz oder theilweise einen freien Willen in geistlichen Dingen zu. Siehe die Anmerkungen zu Artikel II.

Der XIX. Artikel.
Von Ursach der Sünde.

Von Ursach der Sünde wird bei uns gelehrt, daß, wiewohl Gott der Allmächtige die ganze Natur geschaffen hat, und erhält, so wirkt doch der verkehrte Wille die Sünde in allen Bösen und Verächtern Gottes; wie denn des Teufels Wille ist und aller Gottlosen, welcher alsbald, so Gott die Hand abgethan, sich von Gott zum Argen gewandt hat, wie Christus spricht Joh. 8, 44.: „Der Teufel redet Lügen aus seinem Eigenen.“

Die Papisten sprachen in Augsburg unter andern auch die Beschuldigung aus, Melanchthon und Luther machten Gott zum Urheber der Sünde. Gegen diese Beschuldigung ist dieser 19. Artikel gerichtet. Es ist ja wahr: nach dem Fall, in seinem natürlichen Zustande, kann der Mensch nicht anders als immerfort vor Gott sündigen. Das Dichten und Trachten des menschlichen Herzens ist nur böse von Jugend auf. Aber die Ursache hiervon liegt nicht in Gott. Gott hat Engel und Menschen vollkommen heilig und gut geschaffen. Der Teufel ist aus freien Stücken von Gott abgefallen und so böse geworden, Judä 6. Und der Mensch ist nicht von Gott, sondern von dem Teufel verführt und so ein Sünder geworden, 1 Mos. 3, 1—14. So ist die fortwährende Ursache der Sünde der Teufel und der verkehrte Wille des Menschen. Gott ist der Sünde feind, Ps. 5, 5—7.; ja, er haßt sie so, daß er auch seines eingeborenen Sohnes, nachdem derselbe, um die Menschen zu erlösen, die Sünde der Menschen auf sich genommen hatte, nicht verschonet, sondern ihn in den Tod dahingegeben hat. — Die calvinistischen Reformirten, welche sagen, Gott habe einen Theil der Menschen von vornherein zur Verdammniß und somit auch zur Sünde bestimmt, machen Gott zum Urheber der Sünde. Ferner die sogenannten Protestanten, welche behaupten, Gott habe den Menschen nicht besser erschaffen, als er jetzt sei, mit dem Keime des Bösen in der Sinnlichkeit und mit dem Keime des Guten in der Vernunft.

Der XX. Artikel.
Vom Glauben und guten Werken.

Den Unsern wird mit Unwahrheit aufgelegt, daß sie gute Werke verbieten; denn ihre Schriften von den zehen Geboten und andere beweisen, daß sie von rechten christlichen Ständen und Werken guten nützlichen Bericht und Ermahnung gethan haben, davon man vor dieser Zeit wenig gelehrt hat, sondern allermeist in allen Predigten auf kindische unnöthige Werke, als Rosenkränze, Heiligendienst, Mönche= werden, Wallfahrten, gesetzte Fasten, Feier, Brüderschaften rc. getrieben. Solche unnöthige Werke rühmet auch unser Widerpart nun nicht mehr so hoch als vor Zeiten; dazu haben sie auch gelernet nun vom Glauben zu reden, davon sie doch in Vorzeiten gar nichts gepredigt haben; lehren den= noch nun, daß wir nicht allein aus Werken gerecht werden vor Gott, sondern setzen den Glauben an Christum dazu, sprechen: Glaube und Werke machen uns gerecht vor Gott; welche Rede mehr Trosts bringen möge, denn so man allein lehrt auf Werke zu vertrauen.

Dieweil nun die Lehre vom Glauben, die das Haupt= stück ist in christlichem Wesen, so lange Zeit, wie man be= kennen muß, nicht getrieben worden, sondern allein Werk= lehre an allen Orten gepredigt, ist davon durch die Unsern solcher Unterricht geschehen:

Erstlich, daß uns unsere Werke nicht mögen mit Gott versöhnen und Gnade erwerben, sondern solches geschieht allein durch den Glauben, so man glaubt, daß uns um Chri= stus willen die Sünden vergeben werden, welcher allein der Mittler ist, den Vater zu versöhnen. (1 Tim. 2, 5.) Wer nun vermeinet, solches durch Werke auszurichten und Gnade zu verdienen, der verachtet Christum und sucht einen eigenen Weg zu Gott, wider das Evangelium.

Diese Lehre vom Glauben ist öffentlich und klar im Paulo an vielen Orten gehandelt, sonderlich zu den Ephesern am 2, 8.: „Aus Gnaden seid ihr selig worden durch den Glau= ben, und dasselbige nicht aus euch, sondern es ist Gottes Gabe, nicht aus Werken, damit sich niemand rühme" rc.

Und daß hierin kein neuer Verstand eingeführt sei, kann man aus Augustino beweisen, der diese Sache fleißig handelt und auch also lehret, daß wir durch den Glauben an Christum Gnade erlangen und vor Gott gerecht werden, und nicht durch Werke, wie sein ganzes Buch de spiritu et litera ausweiset.

Wiewohl nun diese Lehre bei unversuchten Leuten sehr verachtet wird, so befindet sich doch, daß sie den blöden und erschrockenen Gewissen sehr tröstlich und heilsam ist; denn das Gewissen kann nicht zu Ruhe und Friede kommen durch Werke, sondern allein durch Glauben, so es bei sich gewißlich schließt, daß es um Christus willen einen gnädigen Gott habe; wie auch Paulus spricht Röm. 5, 1.: „So wir durch den Glauben sind gerecht worden, haben wir Ruhe und Friede mit Gott.‟

Diesen Trost hat man vor Zeiten nicht getrieben in Predigten, sondern die armen Gewissen auf eigene Werke getrieben; und sind mancherlei Werke vorgenommen; denn Etliche hat das Gewissen in die Klöster gejagt, der Hoffnung, daselbst Gnade zu erwerben durch Klosterleben; Etliche haben andere Werke erdacht, damit Gnade zu verdienen und für die Sünden genug zu thun. Derselbigen viele haben erfahren, daß man dadurch nicht ist zu Frieden kommen. Darum ist noth gewesen, diese Lehre vom Glauben an Christum zu predigen und fleißig zu treiben, daß man wisse, daß man allein durch den Glauben, ohne Verdienst, Gottes Gnade ergreifet.

Es geschieht auch Unterricht, daß man hie nicht von solchem Glauben redet, den auch die Teufel und Gottlosen haben, die auch die Historien glauben, daß Christus gelitten habe und auferstanden sei von Todten, sondern man redet von wahrem Glauben, der da glaubet, daß wir durch Christum Gnade und Vergebung der Sünden erlangen; und der nun weiß, daß er einen gnädigen Gott durch Chriſtum hat, kennet alſo Gott, rufet ihn an und iſt nicht ohne Gott wie die Heiden. Denn der Teufel und Gottloſe glauben dieſen Artikel, Vergebung der Sünden, nicht; darum ſind ſie Gott feind, können ihn nicht anrufen, nichts Gutes von ihm hoffen. Und alſo, wie jetzt angezeigt iſt, redet die Schrift vom Glau= ben, und heißet nicht Glauben ein ſolches Wiſſen, das Teufel und gottloſe Menſchen haben; denn alſo wird vom Glauben gelehrt zu den Hebräern am 11., daß glauben ſei nicht allein die Hiſtorien wiſſen, ſondern Zuverſicht haben zu Gott, ſeine Zuſage zu empfahen. Und Auguſtinus erinnert uns auch, daß wir das Wort „Glaube" in der Schrift verſtehen ſollen, daß es heiße Zuverſicht zu Gott, daß er uns gnädig ſei, und heiße nicht allein ſolche Hiſtorien wiſſen, wie auch die Teufel wiſſen.

Ferner wird gelehrt, daß gute Werke ſollen und müſſen geſchehen, nicht daß man darauf vertraue, Gnade damit zu verdienen, ſondern um Gottes willen und Gott zu Lob. Der Glaube ergreift allezeit allein Gnade und Vergebung der Sünden. Und dieweil durch den Glauben der Heilige Geiſt gegeben wird, ſo wird auch das Herz geſchickt, gute Werke zu thun. Denn zuvor, dieweil es ohne den Heiligen Geiſt iſt, ſo iſt es zu ſchwach; dazu iſt es ins Teufels Gewalt, der die arme menſchliche Natur zu viel Sünden treibt; wie wir ſehen in den Philoſophen, welche ſich unterſtanden, ehrlich und un= ſträflich zu leben, haben aber dennoch ſolches nicht ausgerich= tet, ſondern ſind in viele große öffentliche Sünden gefallen. Alſo geht es mit dem Menſchen, ſo er außer dem rechten Glauben ohne den Heiligen Geiſt iſt und ſich allein durch eigene menſchliche Kräfte regiert.

Derhalben iſt die Lehre vom Glauben nicht zu ſchelten, daß ſie gute Werke verbiete, ſondern vielmehr zu rühmen, daß sie lehre gute Werke zu thun, und Hilfe anbiete, wie man zu guten Werken kommen möge. Denn außer dem Glauben und außerhalb Christo ist menschliche Natur und Vermögen viel zu schwach, gute Werke zu thun, Gott anzurufen, Geduld zu haben im Leiden, den Nächsten zu lieben, befohlene Aemter fleißig auszurichten, gehorsam zu sein, böse Lüste zu meiden. Solche hohe und rechte Werke mögen nicht geschehen ohne die Hilfe Christi; wie er selbst spricht Joh. 15, 5.: „Ohne mich könnt ihr nichts thun" ꝛc.

Vergleiche bei diesem Artikel die Anmerkungen zu Artikel VI. Dieser 20. Artikel ist eine weitere Ausführung zu dem in Artikel VI. Gesagten. Was zu dieser weiteren Ausführung Veranlassung gegeben hat, erhellt aus dem Anfange desselben: „Den Unsern wird mit Unwahrheit aufgelegt, daß sie gute Werke verbieten." Weil unsere Väter die rechte Lehre von der Rechtfertigung bekannten, so mußten sie immer und immer wieder den Vorwurf hören, welcher auch dem Apostel Paulus von den Gesetzeslehrern gemacht wurde, Röm. 3, 8. 6, 1. 15. Sonderlich der gottlose Dr. Eck wurde nicht müde zu schmähen, Luther lehre eine Freiheit des Fleisches. Und darin liege ein Hauptgrund, weshalb das Volk Luther so zugefallen sei. Von diesem 20. Artikel sagt ein Ausleger der Augsburgischen Confession: „Dieser Artikel ist eine wahre Zierde unseres Bekenntnisses." Dem wird jeder Christ, welcher diesen Artikel lies't, beistimmen.

Der XXI. Artikel.

Vom Dienst der Heiligen.

Vom Heiligen-Dienst wird von den Unsern also gelehrt, daß man der Heiligen gedenken soll, auf daß wir unsern Glauben stärken, so wir sehen, wie ihnen Gnade widerfahren, auch wie ihnen durch Glauben geholfen ist; dazu, daß man Exempel nehme von ihren guten Werken, ein jeder nach seinem Beruf, gleichwie die Kais. Majestät seliglich und göttlich

dem Exempel David folgen mag, Kriege wider den Türken zu
führen; denn beide sind sie in königlichem Amt, welches
Schutz und Schirm ihrer Unterthanen fordert. Durch Schrift
aber mag man nicht beweisen, daß man die Heiligen anrufen
oder Hilfe bei ihnen suchen soll; denn es ist allein ein einiger
Versöhner und Mittler gesetzt zwischen Gott und den Men=
schen, JEsus Christus, 1 Tim. 2, 5., welcher ist der einige
Heiland, der einige oberste Priester, Gnadenstuhl und Für=
sprecher vor Gott, Röm. 8, 34. Und der hat allein zugesagt,
daß er unser Gebet erhören wolle. Das ist auch der höchste
Gottesdienst nach der Schrift, daß man denselbigen JEsum
Christum in allen Nöthen und Anliegen von Herzen suche
und anrufe. 1 Joh. 2, 1.: „So jemand sündigt, haben wir
einen Fürsprecher bei Gott, der gerecht ist, JEsum."

Dies ist fast die Summa der Lehre, welche in unsern
Kirchen zu rechtem christlichem Unterricht und Trost der Ge=
wissen, auch zu Besserung der Gläubigen geprediget und ge=
lehrt ist; wie wir denn unsere eigene Seele und Gewissen je
nicht gerne wollten vor Gott mit Mißbrauch göttliches Na=
mens oder Worts in die höchste und größte Fahr setzen, oder
auf unsere Kinder und Nachkommen eine andere Lehre, denn
so dem reinen göttlichen Wort und christlicher Wahrheit ge=
mäß, fällen oder erben. So denn dieselbige in heiliger Schrift
klar gegründet, und dazu auch gemeiner christlicher, ja römi=
scher Kirche, so viel aus der Väter Schriften zu vermerken,
nicht zuwider noch entgegen ist: so achten wir auch, unsere
Widersacher können in obangezeigten Artikeln nicht uneinig
mit uns sein. Derhalben handeln diejenigen ganz unfreund=
lich, geschwind und wider alle christliche Einigkeit und Liebe,
so die Unsern derhalben als Ketzer abzusondern, zu verwerfen
und zu meiden ihnen selbst ohne einigen beständigen Grund
göttlicher Gebote oder Schrift vornehmen. Denn die Irrung

und Zank ist vornehmlich über etlichen Traditionen und Miß=
bräuchen. So denn nun an den Hauptartikeln kein befind=
licher Ungrund oder Mangel, und dies unser Bekenntniß
göttlich und christlich ist, sollten sich billig die Bischöfe, wenn
schon bei uns der Tradition halben ein Mangel wäre, gelin=
der erzeigen; wiewohl wir verhoffen, beständigen Grund und
Ursachen darzuthun, warum bei uns etliche Traditionen und
Mißbräuche geändert sind.

————

Christusverleugnung ist recht eigentlich das Wesen
des ganzen Pabstthums. Dies zeigt sich auch an der in der
Pabstkirche gebotenen Anrufung der Heiligen. Der
Sohn Gottes ist Mensch geworden und hat durch sein stell=
vertretendes Leiden und Sterben die Menschen mit Gott ver=
söhnt. So ist er der einige Mittler zwischen Gott und den
Menschen (1 Tim. 2, 5.), der einige Fürsprecher, welcher
uns vor Gott vertritt (Röm. 8, 34. 1 Joh. 2, 1.). „Wahrlich,
wahrlich, ich sage euch — spricht er selbst — so ihr den Vater
etwas bitten werdet in meinem Namen, so wird er es euch
geben." (Joh. 16, 23.) Und „das ist auch der höchste
Gottesdienst, daß man denselbigen JEsum
Christum in allen Nöthen und Anliegen von Her=
zen suche und anrufe": heißt es in unserm Artikel. Da
kommt nun aber die Pabstkirche her, lehrt die Heiligen an=
rufen und macht diese zu Mittlern und Fürsprechern an Christi,
des einigen Mittlers und Fürsprechers, Statt. Die Apologie
sagt in der Erklärung zu diesem Artikel: „Sie (die Papisten)
erdichten ihnen selbst einen Wahn, als sei Christus ein
strenger Richter und die Heiligen gnädige, gütige Mittler,
fliehen also zu den Heiligen, scheuen sich vor Christo,
wie vor einem Tyrannen, vertrauen mehr auf die Güte
der Heiligen, denn auf die Güte Christi, laufen von Christo
und suchen der Heiligen Hilfe." Und wie gut ist es gelungen,
dem armen verblendeten Volke Christum aus dem Herzen und
dem Munde zu nehmen! Wer unter Papisten lebt, weiß, daß
viel öfter „heiliger Joseph", „heiliger Jakob", „heilige Maria,
du Himmelskönigin, Mutter des Erbarmens" über ihre Lippen
kommt, als der Name Christus. — Die Anrufung der Hei=
ligen ist nackte Abgötterei und darum durchaus in diesem Ar=

tikel verworfen. Wohl aber soll man der Heiligen gedenken als Exempel des Glaubens und der Liebe, Ebr. 13, 7. Kap. 11, 4—40. Kap. 12, 1. 1 Tim. 1, 16. Es müssen aber rechte Heilige sein, das heißt, arme Sünder, die allein durch Christi Verdienst selig werden wollten; nicht solche, wie viele papistische „Heilige" sind, die theils gar nicht existirt haben, theils auf ihren eigenen Werken in den Himmel steigen wollten und bei diesem Beginnen, wenn sie nicht noch im letzten Augenblick durch Gottes Gnade den falschen Weg verließen, in die Hölle gestürzt sind. — Brenz erzählt, der papistische Theologe Cochläus habe in Augsburg zugegeben, daß man die Anrufung der Heiligen nicht aus der Schrift beweisen könne. Man müsse in diesem Stücke aber der Mutter, der Kirche (Pabstkirche) gehorchen. Brenz entgegnete: „Wie aber, wenn der Vater (nämlich Gott in seinem Wort) das Gegentheil geböte?"

Artikel, von welchen Zwiespalt ist, da erzählt werden die Mißbräuche, so geändert sind.

So nun von den Artikeln des Glaubens in unsern Kirchen nicht gelehrt wird zuwider der heiligen Schrift, oder gemeiner christlicher Kirche, sondern allein etliche Mißbräuche geändert sind, welche zum Theil mit der Zeit selbst eingerissen, zum Theil mit Gewalt aufgerichtet, fordert unsere Nothdurft, dieselbigen zu erzählen und Ursache darzuthun, warum hierin Aenderung geduldet ist; damit Kais. Majestät erkennen möge, daß nicht hierin unchristlich oder freventlich gehandelt, sondern daß wir durch Gottes Gebot, welches billig höher zu achten, denn alle Gewohnheit, gedrungen sind, solche Aenderung zu gestatten.

Der XXII. Artikel.
Von beider Gestalt des Sacraments.

Den Laien wird bei uns beide Gestalt des Sacraments gereicht aus dieser Ursache, daß dies ist ein klarer Befehl und Gebot Christi, Matth. 26.: „Trinket alle daraus." Da gebeut Christus mit klaren Worten von dem Kelch, daß sie alle daraus trinken sollen.

Und damit niemand diese Worte anfechten und glossiren könne, als gehöre es allein den Priestern zu, so zeigt Paulus 1 Cor. 11, 26. an, daß die ganze Versammlung der Corinther Kirchen beide Gestalt gebraucht hat. Und dieser Brauch ist lange Zeit in der Kirche geblieben, wie man durch die Historien und der Väter Schriften beweisen kann. Cyprianus gedenkt an viel Orten, daß den Laien der Kelch die Zeit gereicht sei. So spricht St. Hieronymus, daß die Priester, so das Sacrament reichen, dem Volk das Blut Christi austheilen. So gebeut Gelasius, der Pabst, selbst, daß man das Sacrament nicht theilen soll, distinct. 2. de consecrat. c. Comperimus. Man findet auch nindert (nirgend) keinen Canon, der da gebiete, allein Eine Gestalt zu nehmen. Es kann auch niemand wissen, wann oder durch welche diese Gewohnheit. Eine Gestalt zu nehmen, eingeführt ist; wiewohl der Cardinal Cusanus gedenkt, wann diese Weise approbirt sei. Nun ists öffentlich, daß solche Gewohnheit, wider Gottes Gebot, auch wider die alten Canones eingeführt, unrecht ist. Derhalben hat sich nicht gebühret, derjenigen Gewissen, so das heilige Sacrament nach Christus Einsetzung zu gebrauchen begehrt haben, zu beschweren und zu zwingen, wider unsers HErrn Christi Ordnung zu handeln. Und dieweil die Theilung des Sacraments der Einsetzung Christi zu entgegen ist, wird auch bei uns die gewöhnliche Procession mit dem Sacrament unterlassen.

———

Gegen den klaren Befehl Christi in den Einsetzungsworten Matth. 26, 27., gegen das Beispiel der apostolischen Kirche 1 Cor. 10, 16. 11, 26—28., gegen das Zeugniß der Kirche in den ersten Jahrhunderten wird im Pabstthum den Laien im Abendmahl der Kelch entzogen. Auch hierin erweis't sich der

Pabst als der Widerchrist, indem er Christi Ordnung nach sei=
nem Belieben zu ändern sich untersteht. Der HErr Christus,
welcher vermöge seiner Allwissenheit wohl wußte, was der
Pabst sich herausnehmen würde, sagt ausdrücklich: „Trinket
Alle daraus.“ Der Pabst aber sagt: „Nein, nicht Alle,
sondern nur die Priester sollen daraus trinken.“ Daß
allein die Priester den Kelch empfangen sollen, hängt auch zu=
sammen mit dem Streben, die „Priester“ als einen über die
Laien erhabenen Stand erscheinen zu lassen. Auf die thörichte
Ausrede der Papisten, daß ja mit dem Leibe Christi zugleich
Christi Blut empfangen werde und somit die Austheilung des
Kelches an die Laien nicht nöthig sei, antwortet Luther in den
Schmalkaldischen Artikeln: „Obs gleich wahr wäre, daß unter
einer (Gestalt) so viel sei als unter beiden, so ist doch die
einige Gestalt nicht die ganze Ordnung und Ein=
setzung, durch Christum gestiftet und befohlen.“
Zudem sollten auch die „Priester“ den Kelch nicht empfangen,
wenn schon, wie die Papisten lehren, mit dem Brode Christi
Leib und Blut, also das ganze Abendmahl gereicht würde.
— Wie die Austheilung des Abendmahls unter Einer Gestalt,
so wird in unserm Artikel auch die Umtragung der ge=
weihten Hostie in Processionen verworfen. Pabst
Honorius III. (1216—1227) befahl zuerst das Niederknieen
vor der Hostie und Urban IV. setzte 1264 zur Anbetung der
geweihten Hostie das Frohnleichnamsfest ein. Diesem Miß=
brauch des Sacraments liegt die falsche papistische Lehre zu
Grunde, daß das Brod im Abendmahl in den Leib Christi
verwandelt werde und daß das Brod auch außerhalb des
von Christo geordneten Gebrauchs Christi Leib sei. Der hier
genannte Gelasius, Bischof zu Rom (492—496), erklärte
die Kelchentziehung gegenüber der Secte der Manichäer für
Heiligthumsschändung. Auch der Pabst Paschalis II.
(gest. 1118) sprach sich noch gegen die Kelchentziehung aus.
Wir haben hier also zugleich ein Beispiel, wie ein Pabst dem
andern widersprochen hat. Und doch sollen alle Päbste unfehl=
bar sein. Der hier angeführte Cusanus, der Cardinal Nico=
laus von Cusa (gest. 1464), sagt, daß zuerst auf dem vierten
Lateranconcil (1215) die Kelchentziehung angeordnet sei. Be=
stimmt haben die Concilien zu Kostnitz 1415 und zu Basel 1434
die Kelchentziehung gegen die böhmischen Hussiten kirchlich fest=
gesetzt. Das Concil zu Kostnitz erkannte an, daß Christus das

heilige Abendmahl unter beiderlei Gestalt eingesetzt habe. Dessen ungeachtet („hoc non obstante") solle es nur unter einer Gestalt ausgetheilt werden. Luther nennt deshalb bezeichnend das Concil zu Kostnitz Concilium Obstantiense, das heißt, ein Concil, welches sich wider Christum setzt.

Der XXIII. Artikel.

Vom Ehestand der Priester.

Es ist bei jedermann, hohes und niederes Standes, eine große mächtige Klage in der Welt gewesen von großer Unzucht und wildem Wesen und Leben der Priester, so nicht vermochten Keuschheit zu halten, und war auch je mit solchen greulichen Lastern aufs Höchste gekommen. So viel häßliches, großes Aergerniß, Ehebruch und andere Unzucht zu vermeiden, haben sich etliche Priester bei uns in ehelichen Stand begeben. Dieselben zeigen an diese Ursachen, daß sie dahin gedrungen und bewegt sind aus hoher Noth ihrer Gewissen, nachdem die Schrift klar meldet, der eheliche Stand sei von Gott dem HErrn eingesetzt, Unzucht zu vermeiden, wie Paulus sagt 1 Cor. 7, 2.: „Die Unzucht zu vermeiden, hab ein jeglicher sein eigen Eheweib", item: „Es ist besser ehelich werden, denn brennen." Und nachdem Christus sagt Matth. 19, 12.: „Sie fassen nicht alle das Wort", da zeigt Christus an (welcher wohl gewußt hat, was am Menschen sei), daß wenig Leute die Gabe keusch zu leben haben. denn „Gott hat den Menschen Männlein und Fräulein geschaffen", Gen. 1, 28. Ob es nun in menschlicher Macht oder Vermögen sei, ohne sonderliche Gabe und Gnade Gottes durch eigen Vornehmen oder Gelübbe Gottes der hohen Majestät Geschöpfe besser zu machen oder zu ändern, hat die Erfahrung allzuklar gegeben; denn was Gutes, was ehrbares, züchtiges Lebens, was christliches, ehrliches oder redliches Wandels an vielen daraus er-

folget, wie greuliche, schreckliche Unruhe und Qual ihrer
Gewissen viele an ihrem letzten Ende derhalben gehabt, ist
am Tage, und ihrer viele haben es selbst bekennet. So denn
Gottes Wort und Gebot durch kein menschlich Gelübde
oder Gesetz mag geändert werden, haben aus dieser und an=
dern Ursachen und Gründen die Priester und andere Geist=
liche Eheweiber genommen.

So es ist auch aus den Historien und der Väter Schriften
zu beweisen, daß in der christlichen Kirche vor Alters der
Brauch gewesen, daß die Priester und Diakonen Eheweiber
gehabt; darum sagt Paulus 1 Tim. 3, 2.: „Es soll ein
Bischof unsträflich sein, Eines Weibes Mann.“ Es sind
auch in Deutschland erst vor vierhundert Jahren die Priester
zum Gelübde der Keuschheit vom Ehestand mit Gewalt ab=
gedrungen, welche sich dagegen sämmtlich, auch so ganz ernst=
lich und hart gesetzt haben, daß ein Erzbischof zu Mainz,
welcher das päbstliche neue Edict derhalben verkündigt, gar
nahe in einer Empörung der ganzen Priesterschaft in einem
Gedränge wäre umgebracht. Und dasselbige Verbot ist bald
im Anfang so geschwind und unschicklich vorgenommen, daß
der Pabst die Zeit nicht allein die künftige Ehe den Priestern
verboten, sondern auch Derjenigen Ehe, so schon in dem
Stand lange gewesen, zerrissen; welches doch nicht allein
wider alle göttliche, natürliche und weltliche Rechte, sondern
auch den Canonibus (so die Päbste selbst gemacht) und den
berühmtesten Conciliis ganz entgegen und zuwider ist.

Auch ist bei viel hohen, gottesfürchtigen, verständigen
Leuten dergleichen Rede und Bedenken oft gehört, daß solcher
gedrungener Cölibat und Beraubung des Ehestandes (welchen
Gott selbst eingesetzt und frei gelassen) nie kein Gutes, son=
dern viel großer böser Laster und viel Arges eingeführt habe.
Es hat auch einer von den Päbsten, Pius II., selbst, wie

seine Historie anzeigt, diese Worte oft geredet und von sich
schreiben lassen: es möge wohl etliche Ursachen haben, warum
den Geistlichen die Ehe verboten sei; es habe aber viel höhere,
größere und wichtigere Ursachen, warum man ihnen die Ehe
soll wieder frei lassen. Ungezweifelt, es hat Pabst Pius, als
ein verständiger, weiser Mann, dies Wort aus großem Bedenken geredet.

Derhalben wollen wir uns in Unterthänigkeit zu Kaiserl.
Majestät vertrösten, daß ihre Majestät als ein christlicher
hochlöblicher Kaiser gnädiglich beherzigen werde, daß jetzund
in letzten Zeiten und Tagen, von welchen die Schrift meldet,
die Welt immer je ärger und die Menschen gebrechlicher und
schwächer werden.

Derhalben wohl hochnöthig, nützlich und christlich ist,
diese fleißige Einsehung zu thun, damit, wo der Ehestand verboten, nicht ärgere und schändlichere Unzucht und Laster in
deutschen Landen möchten einreißen. Denn es wird je diese
Sache niemand weislicher oder besser ändern oder machen
können, denn Gott selbst, welcher den Ehestand, menschlicher
Gebrechlichkeit zu helfen und Unzucht zu wehren, eingesetzt hat.

So sagen die alten Canones auch, man müsse zu Zeiten
die Schärfe und rigorem lindern und nachlassen, um menschlicher Schwachheit willen und Aergeres zu verhüten und zu
meiden.

Nun wäre das in diesem Fall auch wohl christlich und
ganz hoch vonnöthen. Was kann auch der Priester und der
Geistlichen Ehestand gemeiner christlicher Kirche nachtheilig
sein, sonderlich der Pfarrherrn und anderer, die der Kirche
dienen sollen? Es würde wohl künftig an Priestern und
Pfarrherrn mangeln, so dies harte Verbot des Ehestands
länger währen sollte.

So nun dieses, nämlich daß die Priester und Geistlichen

mögen ehelich werden, gegründet ist auf das göttliche Wort und Gebot; dazu die Historien beweisen, daß die Priester ehelich gewesen; so auch das Gelübde der Keuschheit so viel häßliche, unchristliche Aergernisse, so viel Ehebruch, schreckliche, ungehörte Unzucht und greuliche Laster hat angerichtet, daß auch etliche unter den Thumherren, Curtisanen zu Rom solches oft selbst bekennet und kläglich angezogen, wie solche Laster im Clero zu greulich und übermacht, Gottes Zorn würde erregt werden: so ists je erbärmlich, daß man den christlichen Ehestand nicht allein verboten, sondern an etlichen Orten aufs geschwindeste, wie um groß Uebelthat, zu strafen unterstanden hat. So ist auch der Ehestand in kaiserlichen Rechten und in allen Monarchien, wo je Gesetz und Recht gewesen, hoch gelobet. Allein dieser Zeit beginnt man die Leute unschuldig allein um der Ehe willen zu martern, und dazu Priester, deren man vor Andern schonen sollte; und geschieht nicht allein wider göttliche Rechte, sondern auch wider die Canones. Paulus der Apostel 1 Tim. 4, 1. ff. nennt „die Lehren, so die Ehe verbieten, Teufels-Lehren". So sagt Christus selbst Joh. 8, 44., „der Teufel sei ein Mörder von Anbeginn". Welches denn wohl zusammenstimmt, daß es freilich Teufels-Lehren sein müssen, die Ehe verbieten, und sich unterstehen, solche Lehre mit Blutvergießen zu erhalten.

Wie aber kein menschlich Gesetz Gottes Gebot kann wegthun oder ändern, also kann auch kein Gelübde Gottes Gebot ändern. Darum gibt auch St. Cyprianus den Rath, daß die Weiber, so die gelobte Keuschheit nicht halten, sollen ehelich werden, und sagt l. 1. epist. 11. also: „So sie aber Keuschheit nicht halten wollen oder nicht vermögen, so ists besser, daß sie ehelich werden, denn daß sie durch ihre Lust ins Feuer fallen, und sollen sich wohl vorsehen, daß sie den Brüdern und Schwestern kein Aergerniß anrichten."

4*

Zudem, so brauchen auch alle Canones größere Gelindig-
keit und Aequität gegen diejenigen, so in der Jugend Gelübde
gethan; wie denn Priester und Mönche des mehreren Theils
in der Jugend in solchen Stand aus Unwissenheit gekommen
sind.

———

Das Verbot der Priesterehe ist namentlich von dem Pabst
Gregor VII. durchgesetzt worden. Derselbe erklärte auf einer
Synode zu Rom 1074 alle verheiratheten Priester für abgesetzt
und die Amtshandlungen verheiratheter Priester für ungültig.
Obgleich sich gegen dieses Verbot des Pabstes allenthalben
unter der Priesterschaft und namentlich in Deutschland ein
großer Sturm erhob, so drangen doch nach und nach die Päbste
mit ihrem Willen durch. Sie wollten sich ein von der menschlichen Gesellschaft möglichst losgelöstes, allein ihrem Wink ge-
horsames Priesterheer schaffen. Das Verbot der Ehe nennt
der Apostel Paulus 1 Tim. 4, 1. ff. eine Teufelslehre.
Und diese Teufelslehre hat auch Teufelsfrüchte getragen,
alle Arten der scheußlichsten Unzucht, Ehebruch, Kindermord ꝛc.

Der XXIV. Artikel.
Von der Messe.

Man legt den Unsern mit Unrecht auf, daß sie die Messe
sollen abgethan haben. Denn das ist öffentlich, daß die Messe,
ohne Ruhm zu reden, bei uns mit größerer Andacht und Ernst
gehalten wird, denn bei den Widersachern. So werden auch
die Leute mit höchstem Fleiß zum öfternmal unterrichtet vom
heiligen Sacrament, wozu es eingesetzt und wie es zu gebrauchen sei, als nämlich die erschrockenen Gewissen damit zu
trösten, dadurch das Volk zur Communion und Messe gezogen wird. Dabei geschieht auch Unterricht wider andere
unrechte Lehre vom Sacrament. So ist auch in den öffentlichen Ceremonien der Messe keine merkliche Aenderung geschehen, denn daß an etlichen Orten deutsche Gesänge (das

Volk damit zu lehren und zu üben) neben lateinischem Ge=
sang gesungen werden; sintemal alle Ceremonien vornehm=
lich dazu dienen sollen, daß das Volk daran lerne, was ihm
zu wissen von Christo noth ist.

Nachdem aber die Messe auf mancherlei Weise vor dieser
Zeit gemißbraucht, wie am Tage ist, daß ein Jahrmarkt dar=
aus gemacht, daß man sie gekauft und verkauft hat und das
mehrere Theil in allen Kirchen um Geldes willen gehalten
worden, ist solcher Mißbrauch zu mehrmalen, auch vor dieser
Zeit, von gelehrten und frommen Leuten gestraft worden.
Als nun die Prediger bei uns davon geprediget und die Prie=
ster erinnert sind der schrecklichen Bedräuung (so denn billig
einen jeden Christen bewegen soll), daß wer das Sacrament
unwürdiglich braucht, der sei schuldig am Leib und Blut
Christi, darauf sind solche Kaufmessen und Winkelmessen
(welche bis anher aus Zwang um Geldes und der Präbenden
willen gehalten worden) in unsern Kirchen gefallen.

Dabei ist auch der greuliche Irrthum gestraft, daß man
gelehrt hat, unser HErr Christus habe durch seinen Tod allein
für die Erbsünde genug gethan und die Messe eingesetzt zu
einem Opfer für die andern Sünden, und also die Messe zu
einem Opfer gemacht für die Lebendigen und Todten, dadurch
Sünden wegzunehmen und Gott zu versöhnen. Daraus ist
weiter gefolgt, daß man disputirt hat, ob eine Messe, für viele
gehalten, also viel verdiene, als so man für einen jeglichen
eine sonderliche hielte. Daher ist die große unzählige Menge
der Messen gekommen, daß man mit diesem Werk hat wollen
bei Gott alles erlangen, das man bedurft hat, und ist daneben
des Glaubens an Christum und rechten Gottesdienstes ver=
gessen worden.

Darum ist davon Unterricht geschehen, wie ohne Zweifel
die Noth geforbert, daß man wüßte, wie das Sacrament recht

zu gebrauchen wäre. Und erstlich, daß kein Opfer für Erb=
sünde und andere Sünde sei, denn der einige Tod Christi,
zeigt die Schrift an vielen Orten an. Denn also steht ge=
schrieben zu den Hebräern, daß sich Christus „einmal geopfert
hat, und dadurch für alle Sünden genug gethan". Es ist
eine unerhörte Neuigkeit, in der Kirche lehren, daß Christus
Tod sollte allein für die Erbsünde, und sonst nicht auch für
andere Sünden, genug gethan haben; derhalben zu hoffen,
daß männiglich verstehe, daß solcher Irrthum nicht unbillig
gestraft sei.

Zum andern, so lehrt St. Paulus, daß wir vor Gott
Gnade erlangen durch Glauben und nicht durch Werke. Da=
wider ist öffentlich dieser Mißbrauch der Messe, so man ver=
meinet, durch dieses Werk Gnade zu erlangen, wie man denn
weiß, daß man die Messe dazu gebraucht, dadurch Sünde ab=
zulegen und Gnade und alle Güter bei Gott zu erlangen,
nicht allein der Priester für sich, sondern auch für die ganze
Welt und für Andere, Lebendige und Todte.

Zum dritten, so ist das heilige Sacrament eingesetzt, nicht
damit für die Sünde ein Opfer anzurichten (denn das Opfer
ist zuvor geschehen), sondern daß unser Glaube dadurch er=
weckt und die Gewissen getröstet werden, welche durchs Sa=
crament erinnert werden, daß ihnen Gnade und Vergebung
der Sünde von Christo zugesagt ist. Derhalben fordert dies
Sacrament Glauben und wird ohne Glauben vergeblich
gebraucht.

Dieweil nun die Messe nicht ein Opfer ist für Andere,
Lebendige oder Todte, ihre Sünden wegzunehmen, sondern
soll eine Communion sein, da der Priester und Andere das
Sacrament empfahen für sich: so wird diese Weise bei uns
gehalten, daß man an Feiertagen, auch sonst, so Communi=
canten da sind, Messe hält und etliche, so das begehren, com=

municirt. Also bleibt die Messe bei uns in ihrem rechten Brauch, wie sie vor Zeiten in der Kirche gehalten, wie man beweisen mag aus St. Paulo 1 Cor. 11., dazu auch vieler Väter Schriften; denn Chrysostomus spricht, wie der Priester täglich stehe und fordere Etliche zur Communion, Etlichen verbiete er hinzu zu treten. Auch zeigen die alten Canones an, daß einer das Amt gehalten hat und die andern Priester und Diakonen communicirt. Denn also lauten die Worte im canone Nicaeno: „Die Diakonen sollen nach den Priestern ordentlich das Sacrament empfahen vom Bischof oder Priester."

So man nun keine Neuigkeit hierin, die in der Kirche vor Alters nicht gewesen, vorgenommen hat, und in den öffentlichen Ceremonien der Messe keine merkliche Aenderung geschehen ist. allein daß die andern unnöthigen Messen, etwa durch einen Mißbrauch gehalten neben der Pfarrmesse, gefallen sind: soll billig diese Weise, Messe zu halten, nicht für ketzerisch und unchristlich verdammt werden. Denn man hat vor Zeiten auch in den großen Kirchen, da viel Volks gewesen, auch auf die Tage, so das Volk zusammen kam, nicht täglich Messe gehalten; wie tripartita historia lib. 9. anzeigt, daß man zu Alexandria am Mittwoch und Freitag die Schrift gelesen und ausgelegt habe, und sonst alle Gottesdienste gehalten ohne die Messe.

In diesem Artikel wird auch die rechte Feier des heiligen Abendmahls Messe genannt. Thörichterweise haben deshalb hierzulande selbst Solche, die sich Lutheraner nennen, die Augsburgische Confession beschuldigt, als enthielte sie noch papistischen Sauerteig. „Messe" war der in der alten Kirche gebräuchliche Name für die Feier des Abendmahls. — Verworfen werden die papistischen Privatmessen. Sie heißen hier Winkelmessen, indem bei denselben der Priester, ohne daß eine Betheiligung von Seiten der Gemeinde stattfindet, gleichsam im Winkel, für sich allein das Abendmahl feiert und so Leib und Blut Christi als Opfer für die Sünden Anderer, die gar nicht einmal anwesend zu sein brauchen, ja auch schon tobt sein können, darbringen will. Kaufmessen werden diese Messen genannt, weil sie auf Bestellung und für Bezahlung gehalten werden. — Es ist gar nicht auszusagen, was für ein Greuel dieses papistische Meßopferwesen ist. Luther sagt, er müsse sich verwundern über die Langmuth Gottes, daß ihn die Erde nicht verschlungen habe, als er im Jahre 1507 auch zum Meßpriester geweiht wurde. Durch das papistische Meßopfer wird geleugnet, 1. daß durch Christi einmaliges Opfer alle Sünden der Menschen gesühnt seien, 2. daß man allein durch den Glauben der Frucht des Opfers Christi theilhaftig werden könne. Damit ist das ganze Christenthum umgestoßen. Und dieser Greuel nimmt gleichsam den Mittelpunkt des „Gottes= dienstes" in der Pabstkirche ein. Warum auch nicht? Die Messen bringen der Kirche sehr viel Geld ein und für das Volk sind sie äußerst — bequem. Man läßt seine Sünden vom Priester in der Messe abthun; so braucht man sich selbst nicht mit wahrer Herzensbuße zu bekümmern. Mit Hülfe einer An= zahl Seelenmessen kommt man schließlich auch noch aus dem Fegefeuer. Luther schreibt von der papistischen Messe in den Schmalkaldischen Artikeln: „Wo es möglich wäre, daß sie (die Papisten) uns alle andern Artikel nachgäben, so können sie doch diesen Artikel nicht nachgeben. Wie der Campegius zu Augs= burg gesagt hat, er wollte sich ehe auf Stücke zerreißen lassen, ehe er wollte die Messe fahren lassen. So werde ich mich auch, mit Gottes Hülfe, ehe lassen zu Asche machen, ehe ich einen Meßknecht mit seinem Werke, er sei gut oder böse, lasse meinem HErrn und Heiland JEsu Christo gleich oder höher sein. Also sind und bleiben wir ewiglich geschieden und wider einander. Sie fühlens wohl, wo die Messe fällt, so liegt das Pabstthum; ehe sie das lassen geschehen, so tödten sie uns alle, wo sie es vermögen."

Der XXV. Artikel.
Von der Beichte.

Die Beichte ist durch die Prediger dieses Theils nicht ab= gethan; denn diese Gewohnheit wird bei uns gehalten, das Sacrament nicht zu reichen denen, so nicht zuvor verhört und absolvirt sind. Dabei wird das Volk fleißig unterrichtet, wie tröstlich das Wort der Absolution sei, wie hoch und theuer die Absolution zu achten; denn es sei nicht des gegenwärtigen Menschen Stimme oder Wort, sondern Gottes Wort, der da die Sünde vergibt; denn sie wird an Gottes Statt und aus Gottes Befehl gesprochen. Von diesem Befehl und Gewalt der Schlüssel, wie tröstlich, wie nöthig sie sei den erschrockenen Gewissen, wird mit großem Fleiß gelehrt; dazu, wie Gott fordert, dieser Absolution zu glauben, nicht weniger, denn so Gottes Stimme vom Himmel erschölle, und uns dero fröhlich trösten, und wissen, daß wir durch solchen Glauben Verge= bung der Sünden erlangen. Von diesen nöthigen Stücken haben vor Zeiten die Prediger, so von der Beichte viel lehrten, nicht ein Wörtlein gerührt, sondern allein die Gewissen ge= martert mit langer Erzählung der Sünden, mit Genugthun, mit Ablaß, mit Wallfahrten und dergleichen. Und viele un= serer Widersacher bekennen selbst, daß dieses Theils von rechter christlicher Buße schicklicher, denn zuvor in langer Zeit, ge= schrieben und gehandelt sei.

Und wird von der Beichte also gelehrt, daß man niemand dringen solle, die Sünden namhaftig zu erzählen; denn solches ist unmöglich, wie der Psalm (19, 13.) spricht: „Wer kennet die Missethat?" Und Jeremias 17, 9. spricht: „Des Menschen Herz ist so arg, daß man es nicht auslernen kann." Die elende menschliche Natur steckt also tief in Sün= den, daß sie dieselben nicht alle sehen oder kennen kann, und sollten wir allein von denen absolvirt werden, die wir zählen können, wäre uns wenig geholfen. Derhalben ist nicht noth, die Leute zu dringen, die Sünden namhaftig zu erzählen. Also haben auch die Väter gehalten, wie man findet distinct. 1. de poenitentia, da die Worte Chrysostomi angezogen werden: „Ich sage nicht, daß du dich selbst sollst öffentlich dargeben, noch bei einem andern dich selbst verklagen oder schuldig geben, sondern gehorche dem Propheten, welcher spricht: Offenbare dem HErrn deine Wege, Pf. 37, 5. Derhalben beichte Gott dem HErrn, dem wahrhaftigen Richter, neben deinem Gebet; nicht sage deine Sünden mit der Zunge, sondern in deinem Gewissen." Hie sieht man klar, daß Chrysostomus nicht zwingt, die Sünden namhaftig zu erzählen. So lehrt auch die glossa in decretis, de poenitentia, distinct. 5. cap. Consideret, daß die Beichte nicht durch die Schrift geboten, sondern durch die Kirche eingesetzt sei. Doch wird durch die Prediger dieses Theils fleißig gelehrt, daß die Beichte von wegen der Absolution, welche das Hauptstück und das Vornehmste darin ist, zu Trost der erschrockenen Gewissen, dazu um etlicher anderer Ursachen willen zu erhalten sei.

Man vergleiche hier die Bemerkungen zum 11. Artikel, zu welchem dieser Artikel eine nähere Ausführung enthält.

Der XXVI. Artikel.
Vom Unterschied der Speisen.

Vor Zeiten hat man also gelehrt, geprediget und geschrieben, daß Unterschied der Speisen und dergleichen Traditionen, von Menschen eingesetzt, dazu dienen, daß man dadurch Gnade verdiene und für die Sünde genugthue. Aus diesem Grunde hat man täglich neue Fasten, neue Ceremonien, neue Orden und dergleichen erdacht, und auf solches heftig und hart getrieben, als seien solche Dinge nöthige Gottesdienste, dadurch man Gnade verdiene, so mans halte, und große Sünde geschehe, so mans nicht halte. Daraus sind viel schädlicher Irrthümer in der Kirche erfolgt.

Erstlich, ist dadurch die Gnade Christi und die Lehre vom Glauben verdunkelt, welche uns das Evangelium mit großem Ernst vorhält, und treibt hart darauf, daß man das Verdienst

Christi hoch und theuer achte, und wisse, daß glauben an Christum hoch und weit über alle Werke zu setzen sei. Derhalben hat St. Paulus heftig wider das Gesetz Mosis und menschliche Traditiones gefochten, daß wir lernen sollen, daß wir vor Gott nicht fromm werden aus unsern Werken, sondern allein durch den Glauben an Christum, daß wir Gnade erlangen um Christus willen; solche Lehre ist schier ganz verloschen, dadurch, daß man gelehrt, Gnade zu verdienen mit Gesetzen, Fasten, Unterschied der Speisen, Kleidern 2c.

Zum andern, haben auch solche Traditiones Gottes Gebot verdunkelt; denn man setzt diese Traditiones weit über Gottes Gebot. Dies hielt man allein für christliches Leben, wer die Feier also hielt, also betete, also fastete, also gekleidet war; das nannte man geistliches christliches Leben.

Daneben hielt man andere nöthige gute Werke für ein weltliches ungeistliches Wesen, nämlich diese, so jeder nach seinem Beruf zu thun schuldig ist; als, daß der Hausvater arbeitet, Weib und Kind zu ernähren und zu Gottesfurcht aufzuziehen, die Hausmutter Kinder gebiert und wartet ihrer, ein Fürst und Obrigkeit Land und Leute regiert 2c. Solche Werke, von Gott geboten, mußten ein weltliches und unvollkommenes Wesen sein, aber die Traditiones mußten den prächtigen Namen haben, daß sie allein heilige, vollkommene Werke hießen. Derhalben war kein Maß noch Ende, solche Traditiones zu machen.

Zum dritten, solche Traditiones sind zu hoher Beschwerung der Gewissen gerathen. Denn es war nicht möglich, alle Traditiones zu halten, und waren doch die Leute in der Meinung, als wäre solches ein nöthiger Gottesdienst, und schreibt Gerson, daß Viele hiemit in Verzweiflung gefallen, Etliche haben sich auch selbst umgebracht, derhalben, daß sie keinen Trost von der Gnade Christi gehört haben. Denn man sieht bei den Summisten und Theologen, wie die Ge-

wiſſen verwirrt, welche ſich unterſtanden haben, die Traditio=
nes zuſammen zu ziehen, und ἐπιεικείας*) geſucht, daß ſie den
Gewiſſen hülfen, haben ſo viel damit zu thun gehabt, daß
dieweil alle heilſame chriſtliche Lehre von nöthigeren Sachen,
als vom Glauben, vom Troſt in hohen Anfechtungen und
dergleichen, danieder gelegen iſt. Darüber haben auch viel
frommer Leute vor dieſer Zeit ſehr geklagt, daß ſolche Tra=
ditiones viel Zanks in der Kirche anrichten, und daß fromme
Leute, damit verhindert, zu rechtem Erkenntniß Chriſti nicht
kommen möchten. Gerſon und etliche mehr haben heftig dar=
über geklagt. Ja, es hat auch Auguſtino mißfallen, daß man
die Gewiſſen mit ſo viel Traditionibus beſchweret. Der=
halben er dabei Unterricht gibt, daß mans nicht für nöthige
Dinge halten ſoll.

Darum haben die Unſern nicht aus Frevel oder Ver=
achtung geiſtlicher Gewalt von dieſen Sachen gelehrt, ſondern
es hat die hohe Noth gefordert, Unterricht zu thun von ob=
angezeigten Irrthümern, welche aus Mißverſtand der Tra=
ditionen gewachſen ſind. Denn das Evangelium zwingt,
daß man die Lehre vom Glauben ſolle und müſſe in Kirchen
treiben, welche doch nicht mag verſtanden werden, ſo man ver=
meint, durch eigene erwählte Werke Gnade zu verdienen.

Und iſt alſo davon gelehrt, daß man durch Haltung ge=
dachter menſchlicher Traditionen nicht kann Gnade verdienen,
oder Gott verſöhnen, oder für die Sünde genug thun; und
ſoll derhalben kein nöthiger Gottesdienſt daraus gemacht
werden. Dazu wird Urſach aus der Schrift angezogen.
Chriſtus Matth. 15, 3. 9. entſchuldigt die Apoſtel, daß ſie
gewöhnliche Traditiones nicht gehalten haben, und ſpricht
dabei: „Sie ehren mich vergeblich mit Menſchengeboten.“

---

*) epleikeias.

So er nun dies einen vergeblichen Dienst nennet, muß er nicht nöthig sein. Und bald hernach: „Was zum Munde eingehet, verunreiniget den Menschen nicht." Item Paulus spricht Röm. 14, 17.: „Das Himmelreich stehet nicht in Speise oder Trank"; Col. 2, 16.: „Niemand soll euch richten in Speise, Trank, Sabbath" ꝛc. Act. 15, 10. spricht Petrus: „Warum versucht ihr Gott mit Auflegung des Jochs auf der Jünger Hälse, welches weder unsere Väter noch wir haben mögen tragen? Sondern wir glauben durch die Gnade unsers HErrn JEsu Christi selig zu werden." Da verbeut Petrus, daß man die Gewissen nicht beschweren soll mit mehr äußerlichen Ceremonien, es sei Mosis oder andern. Und 1 Tim. 4, 1—3. werden solche Verbote, als, Speise verbieten, Ehe verbieten ꝛc., Teufelslehre genennet. Denn dies ist stracks dem Evangelio entgegen, solche Werke einsetzen oder thun, daß man damit Vergebung der Sünden verdiene, oder als möge niemand Christen sein ohne solche Dienste.

Daß man aber den Unsern hie Schuld gibt, als verbieten sie Kasteiung und Zucht, wie Jovinianus, wird sich viel anders aus ihren Schriften befinden; denn sie haben allezeit gelehrt vom heiligen Kreuz, daß Christen zu leiden schuldig sind; und dieses ist rechte, ernstliche und nicht erdichtete Kasteiung.

Daneben wird auch gelehrt, daß ein jeglicher schuldig ist, sich mit leiblicher Uebung, als Fasten und andere Uebung, also zu halten, daß er nicht Ursache zu Sünden gebe, nicht, daß er mit solchen Werken Gnade verdiene. Diese leibliche Uebung soll nicht allein etliche bestimmte Tage, sondern stetigs getrieben werden. Davon redet Christus (Luc. 21, 34.): „Hütet euch, daß eure Herzen nicht beschweret werden mit Völlerei"; item (Matth. 17, 21.): „Die Teufel werden nicht ausgeworfen, denn durch Fasten und Gebet." Und Paulus spricht (1 Cor. 9, 27.), „er kasteie seinen Leib und bringe ihn zu Gehorsam"; damit er anzeigt, daß Kasteiung dienen soll, nicht damit Gnade zu verdienen, sondern den Leib geschickt zu halten, daß er nicht verhindere, was einem jeglichen nach seinem Beruf zu schaffen befohlen ist. Und wird also nicht das Fasten verworfen, sondern daß man einen nöthigen Dienst daraus auf bestimmte Tage und Speisen zu Verwirrung der Gewissen gemacht hat.

Auch werden dieses Theils viel Ceremonien und Traditionen gehalten, als, Ordnung der Messe und andere Gesänge, Feste 2c., welche dazu dienen, daß in der Kirche Ordnung gehalten werde. Daneben aber wird das Volk unterrichtet, daß solcher äußerlicher Gottesdienst nicht fromm macht vor Gott, und daß mans ohne Beschwerung des Gewissens halten soll, also, daß, so man es nachläßt ohne Aergerniß, nicht daran gesündigt wird. Diese Freiheit in äußerlichen Ceremonien haben auch die alten Väter gehalten; denn im Orient hat man das Osterfest auf andere Zeit, denn zu Rom, gehalten. Und da etliche diese Ungleichheit für eine Trennung in der Kirche halten wollten, sind sie vermahnet von andern, daß nicht noth ist, in solchen Gewohnheiten Gleichheit zu halten. Und spricht Irenäus also: „Ungleichheit im Fasten trennet nicht die Einigkeit des Glaubens." Wie auch distinct. 12. von solcher Ungleichheit in menschlichen Ordnungen geschrieben, daß sie der Einigkeit der Christenheit nicht zuwider sei. Und tripartita hist. lib. 9. zeucht zusammen viel ungleicher Kirchengewohnheiten und setzt einen nützlichen christlichen Spruch: „Der Apostel Meinung ist nicht gewesen, Feiertage einzusetzen, sondern Glaube und Liebe zu lehren."

———

Von diesem Artikel gilt im besonderen, was zu Artikel 15. über „Ordnungen von Menschen gemacht" im allgemeinen gesagt ist.

Der XXVII. Artikel.
Von Klostergelübben.

Von Klostergelübben zu reden ist noth, erstlich zu bedenken, wie es bis anher damit gehalten, welch Wesen sie in Klöstern gehabt, und daß sehr viel darin täglich nicht allein wider Gottes Wort, sondern auch päbstlichen Rechten zu entgegen gehandelt ist. Denn zu St. Augustini Zeiten sind Klosterstände frei gewesen; folgend, da die rechte Zucht und Lehre zerrüttet, hat man Klostergelübde erdacht, und damit eben als mit einem erdachten Gefängniß die Zucht wiederum aufrichten wollen.

Ueber das hat man neben den Klostergelübden viel andere Stücke mehr aufgebracht. und mit solchen Banden und Beschwerden ihrer viel, auch vor gebührenden Jahren, beladen.

So sind auch viel Personen aus Unwissenheit zu solchem Klosterleben gekommen, welche, wiewohl sie sonst nicht zu jung gewesen, haben doch ihr Vermögen nicht genugsam ermessen und verstanden; dieselben alle, also verstrickt und verwickelt, sind gezwungen und gedrungen, in solchen Banden zu bleiben, ungeachtet dessen, daß auch päbstisch Recht ihrer viel frei gibt. Und das ist beschwerlicher gewesen in Jungfrauenklöstern, denn Mönchsklöstern; so sich doch geziemet hätte, der Weibsbilder als der Schwachen zu verschonen. Dieselbe Strenge und Härtigkeit hat auch viel frommen Leuten in Vorzeiten mißfallen; denn sie haben wohl gesehen, daß beide, Knaben und Maidlein, um Erhaltung willen des Leibes in die Klöster sind versteckt worden. Sie haben auch wohl gesehen, wie übel dasselbe Vornehmen gerathen ist, was Aergerniß, was Beschwerung der Gewissen es gebracht, und haben viel Leute geklagt, daß man in solcher gefährlichen Sache die Canones so gar nicht geachtet. Zudem, so hat man eine solche Meinung von den Klostergelübden, die unverborgen auch viel Mönchen übel gefallen hat, die (ein) wenig einen Verstand gehabt.

Denn sie gaben vor, daß Klostergelübbe der Taufe gleich wären und daß man mit dem Klosterleben Vergebung der Sünden und Rechtfertigung vor Gott verdienete; ja, sie setzen noch mehr dazu, daß man mit dem Klosterleben verdienete nicht allein Gerechtigkeit und Frommkeit, sondern auch, daß man damit hielte die Gebote und Räthe, im Evangelio verfaßt, und wurden also die Klostergelübde höher gepreiset, denn die Taufe. Item, daß man mehr verdienete mit dem Klosterleben, denn mit allen andern Ständen, so von Gott geordnet sind, als Pfarrherr= und Predigerstand, Obrigkeit=, Fürsten=, Herrenstand und dergleichen, die alle nach Gottes Gebot, Wort und Befehl in ihrem Beruf ohne erdichtete Geistlichkeit dienen; wie denn dieser Stücke keines verneint werden mag, denn man findets in ihren eigenen Büchern. Ueber das, wer also gefangen und ins Kloster gekommen, lernte wenig von Christo.

Etwa hat man Schulen der heiligen Schrift und anderer Künste, so der christlichen Kirche dienstlich sind, in den Klö= stern gehalten, daß man aus den Klöstern Pfarrherren und Bischöfe genommen hat; jetzt aber hats viel eine andere Ge= stalt; denn vor Zeiten kamen sie der Meinung zusammen im Klosterleben, daß man die Schrift lernete; jetzt geben sie vor, das Klosterleben sei ein solch Wesen, daß man Gottes Gnade und Frommkeit vor Gott damit verdiene, ja, es sei ein Stand der Vollkommenheit, und setzens den andern Ständen, so von Gott eingesetzt, weit vor. Das alles wird darum angezogen, ohne alle Verunglimpfung, damit man je desto baß verneh= men und verstehen möge, was und wie die Unsern predigen und lehren.

Erstlich lehren sie bei uns von denen, die zur Ehe greifen,

also, daß alle die, so zum ledigen Stand nicht geschickt sind, Macht, Fug und Recht haben, sich zu verehelichen; denn die Gelübde vermögen nicht, Gottes Ordnung und Gebot aufzuheben. Nun lautet Gottes Gebot also 1 Cor. 7, 2.: „Um der Hurerei willen habe ein jeglicher sein eigen Weib, und eine jegliche habe ihren eigenen Mann." Dazu bringet, zwinget und treibet nicht allein Gottes Gebot, sondern auch Gottes Geschöpf und Ordnung, alle die zum Ehestand, die ohne sonderes Gottes Werk mit der Gabe der Jungfrauschaft nicht begnadet sind, laut dieses Spruchs Gottes selbst Gen. 2, 18.: „Es ist nicht gut, daß der Mensch allein sei, wir wollen ihm einen Gehilfen machen, der um ihn sei."

Was mag man nun dawider aufbringen? Man rühme das Gelübde und Pflicht, wie hoch man wolle, man mutze es auf, als hoch man kann, so mag man dennoch nicht erzwingen, daß Gottes Gebot dadurch aufgehoben werde. Die Doctores sagen, daß die Gelübde, auch wider des Pabsts Recht, unbündig sind, wie viel weniger sollen sie denn binden, Statt und Kraft haben wider Gottes Gebot!

Wo die Pflichten der Gelübde keine andere Ursachen hätten, daß sie möchten aufgehoben werden, so hätten die Päbste auch nicht dawider dispensirt oder erlaubt; denn es gebühret keinem Menschen, die Pflicht, so aus göttlichen Rechten herwächst, zu zerreißen. Darum haben die Päbste wohl bedacht, daß in dieser Pflicht eine Aequität soll gebraucht werden, und haben zum öfternmal dispensirt; als mit einem Könige von Aragon und vielen andern. So man nun zu Erhaltung zeitlicher Dinge dispensirt hat, soll viel billiger dispensirt werden um Nothdurft willen der Seelen.

Folgends, warum treibt der Gegentheil so hart, daß man die Gelübde halten muß, und siehet nicht zuvor an, ob das Gelübde seine Art habe? Denn das Gelübde soll in möglichen Sachen, willig und ungezwungen sein. Wie aber die ewige Keuschheit in des Menschen Gewalt und Vermögen stehe, weiß man wohl; auch sind wenig, beide Manns- und Weibspersonen, die von ihnen selbst, willig und wohl bedacht das Klostergelübde gethan haben. Ehe sie zum rechten Verstand kommen, so überredet man sie zum Klostergelübde; zuweilen werden sie auch dazu gezwungen und gedrungen. Darum ist es je nicht billig, daß man so geschwind und hart von der Gelübdpflicht disputire, angesehen, daß sie alle bekennen, daß solches wider die Natur und Art des Gelübdes ist, daß es nicht williglich und mit gutem Rath und Bedacht gelobet wird.

Etliche Canones und päbstliche Rechte zerreißen die Gelübde, die unter fünfzehn Jahren geschehen sind: denn sie haltens dafür, daß man vor derselben Zeit so viel Verstandes nicht hat, daß man die Ordnung des ganzen Lebens, wie dasselbe anzustellen, beschließen könne.

Ein anderer Canon gibt der menschlichen Schwachheit noch mehr Jahre zu; denn er verbeut das Klostergelübde unter achtzehn Jahren zu thun; daraus hat der meiste Theil Entschuldigung und Ursachen, aus den Klöstern zu gehen, denn sie des mehrern Theils in der Kindheit vor diesen Jahren in Klöster gekommen sind. Endlich, wenn gleich die Verbrechung des Klostergelübdes möchte getadelt werden, so könnte aber dennoch nicht daraus erfolgen, das man Derselben Ehe zerreißen sollte. Denn St. Augustinus sagt 27. q. 1. cap. Nuptiarum, daß man solche Ehe nicht zerreißen soll. Nun ist je St. Augustin nicht in geringem Ansehen in der christlichen Kirche, obgleich etliche hernach anders gehalten.

Wiewohl nun Gottes Gebot von dem Ehestande ihrer sehr viele vom Klostergelübde frei und ledig gemacht, so wenden doch die Unsern noch mehr Ursachen vor, daß Klostergelübde nichtig und unbündig seien; denn aller Gottesdienst,

von den Menschen ohne Gottes Gebot und Befehl eingesetzt
und erwählet, Gerechtigkeit und Gottes Gnade zu erlangen,
sei wider Gott und dem Evangelio und Gottes Befehl entgegen; wie denn Christus selbst sagt Matth. 15, 9.: „Sie
dienen mir vergebens mit Menschengeboten." So lehrets
auch St. Paulus überall, daß man Gerechtigkeit nicht soll
suchen aus unsern Geboten und Gottesdiensten, so von Menschen erdichtet sind, sondern daß Gerechtigkeit und Frommkeit
vor Gott kommt aus dem Glauben und Vertrauen, daß wir
glauben, daß uns Gott um seines einigen Sohnes Christus
willen zu Gnaden annimmt. Nun ist es je am Tage, daß
die Mönche gelehrt und geprediget haben, daß die erdachte
Geistlichkeit genug thue für die Sünde und Gottes Gnade
und Gerechtigkeit erlange. Was ist nun dies anders, denn
die Herrlichkeit und Preis der Gnade Christi vermindern und
die Gerechtigkeit des Glaubens verleugnen? Darum folgt
aus dem, daß solche gewöhnliche Gelübde unrechte, falsche
Gottesdienste gewesen. Derhalben sind sie auch unbündig;
denn ein gottlos Gelübde, und das wider Gottes Gebot geschehen, ist unbündig und nichtig; wie auch die Canones
lehren, daß der Eid nicht soll ein Band zur Sünde sein.

St. Paulus sagt zu den Galatern am 5, 4.: „Ihr seid
ab von Christo, die ihr durch das Gesetz rechtfertig werden
wollt, und habt der Gnade gefehlet." Derhalben auch die,
so durch Gelübde wollen rechtfertig werden, sind von Christo
ab und fehlen der Gnade Gottes; denn dieselben rauben
Christo seine Ehre, der allein gerecht macht, und geben solche
Ehre ihren Gelübden und Klosterleben.

Man kann nicht leugnen, daß die Mönche gelehrt und
geprediget haben, daß sie durch ihre Gelübde und Klosterwesen
und Weise gerecht werden und Vergebung der Sünden verdienen; ja, sie haben noch wohl ungeschickter Ding erdichtet

5*

und gesagt, daß sie ihre guten Werke den andern mittheilen. Wenn nun einer dies alles wollte unglimpflich treiben und aufmutzen: wie viel Stücke könnte er zusammenbringen, deren sich die Mönche jetzt selbst schämen und nicht wollen gethan haben! Ueber das alles haben sie auch die Leute überredet, daß die erdichteten geistlichen Ordensstände sind christliche Vollkommenheit; dies ist ja die Werke rühmen, daß man dadurch gerecht werde. Nun ist es nicht ein geringes Aergerniß in der christlichen Kirche, daß man dem Volke einen solchen Gottesdienst vorträgt, den die Menschen ohne Gottes Gebot erdichtet haben, und lehren, daß ein solcher Gottesdienst die Menschen vor Gott fromm und gerecht macht. Denn Gerechtigkeit des Glaubens, die man am meisten in der Kirche treiben soll, wird verdunkelt, wenn den Leuten die Augen aufgesperrt werden mit dieser seltsamen Engelsgeistlichkeit und falschem Vorgeben der Armuth, Demuth und Keuschheit.

Ueber das werden auch die Gebote Gottes und der rechte und wahre Gottesdienst dadurch verdunkelt, wenn die Leute hören, daß allein die Mönche im Stande der Vollkommenheit sein sollen. Denn die christliche Vollkommenheit ist, daß man Gott von Herzen und mit Ernst fürchtet, und doch auch eine herzliche Zuversicht und Glauben, auch Vertrauen fasset, daß wir um Christus willen einen gnädigen barmherzigen Gott haben, daß wir mögen und sollen von Gott bitten und begehren, was uns noth ist, und Hilfe von ihm in allen Trübsalen gewißlich nach eines jeden Beruf und Stand gewarten; daß wir auch indeß sollen äußerlich mit Fleiß gute Werke thun und unsers Berufs warten. Darin steht die rechte Vollkommenheit und der rechte Gottesdienst, nicht im Betteln oder in einer schwarzen oder grauen Kappe 2c. Aber das gemeine Volk faßt viel schädlicher Meinungen aus falschem Lob des Klosterlebens, so sie es hören, daß man den ledigen Stand ohne alle Maß lobt; folget, daß es mit beschwertem Gewissen im Ehestand ist; denn daraus, so der gemeine Mann hört, daß die Bettler allein sollen vollkommen sein, kann er nicht wissen, daß er ohne Sünde Güter haben und hantieren möge. So das Volk höret, es sei nur ein Rath, nicht Rache üben, folgt, daß etliche vermeinen, es sei nicht Sünde, außerhalb des Amtes Rache zu üben. Etliche meinen, Rache gezieme den Christen gar nicht, auch nicht der Oberkeit. Man liest auch der Exempel viel, daß etliche Weib und Kind, auch ihr Regiment verlassen und sich in Klöster gesteckt haben. Dasselbe, haben sie gesagt, heißt aus der Welt fliehen und ein solch Leben suchen, das Gott baß gefiele, denn der Andern Leben. Sie haben auch nicht können wissen, daß man Gott dienen soll in den Geboten, die Er gegeben hat, und nicht in den Geboten, die von Menschen erdichtet sind. Nun ist je das ein guter und vollkommener Stand des Lebens, welcher Gottes Gebot für sich hat; das aber ist ein fährlicher Stand des Lebens, der Gottes Gebot nicht für sich hat.

Von solchen Sachen ist vonnöthen gewesen, den Leuten guten Bericht zu thun. Es hat auch Gerson in Vorzeiten den Irrthum der Mönche von der Vollkommenheit gestraft, und zieht an, daß bei seinen Zeiten dieses eine neue Rede gewesen sei, daß das Klosterleben ein Stand der Vollkommenheit sein soll. So viel gottloser Meinungen und Irrthümer kleben in den Klostergelübden: daß sie sollen rechtfertigen und fromm vor Gott machen, daß sie die christliche Vollkommenheit sein sollen, daß man damit beide, des Evangelions Räthe und Gebote, halte, daß sie haben die Uebermaß der Werke, die man Gott nicht schuldig sei. Dieweil denn solches alles falsch, eitel und erdichtet ist, so macht es auch die Klostergelübde nichtig und unbündig.

Auch Luther sagt in den Schmalkaldischen Artikeln, man solle die Stifte und Klöster dem alten Gebrauch wiedergeben, „damit man Pfarrherrn, Prediger und andere Kirchendiener haben möge, auch sonst nöthige Personen zu weltlichem Regiment in Städten und Ländern." Wenn das aber nicht geschehe, sondern die Klöster papistische Klöster bleiben sollten, so wäre es besser, „man lasse sie wüste liegen und reiße sie ein." Das Klosterwesen in der Pabstkirche ist durch und durch gottlos. Gottlos ist das geforderte Gelübde der Ehelosigkeit, welches sowohl Solchen abgenommen wird, die nicht von Gott die Gabe haben, ehelos zu bleiben, als auch Solchen, die noch nicht wissen, was es mit dem Gelübbe auf sich habe. Sünde und seelenverderblich ist das papistische Klosterleben weiter darum, weil es für den vollkommensten Stand ausgegeben und für verbienstlich, ja, überverbienstlich gehalten wird. Ein Mönch soll durch sein Verbienst sich selbst und Andern zum Himmel helfen können. Für so verbienstlich hielt man den Mönchsstand, daß arme verführte Menschen sich in einer Mönchskutte begraben ließen, um der Seligkeit gewisser zu sein. So sind die papistischen Klöster recht eigentlich Stätten der Feindschaft wider Christum und sein Verbienst.

Der XXVIII. Artikel.
Von der Bischöfe Gewalt.

Von der Bischöfe Gewalt ist vor Zeiten viel und mancherlei geschrieben und haben etliche ungeschicklich die Gewalt der Bischöfe und das weltliche Schwert untereinander gemengt, und sind aus diesem unordentlichen Gemenge große Kriege, Aufruhr und Empörungen erfolget, aus dem daß die Bischöfe im Schein ihrer Gewalt, die ihnen von Christo gegeben, nicht allein neue Gottesdienste angerichtet haben und mit Vorbehaltung etlicher Fälle und mit gewaltsamem Bann die Gewissen beschwert, sondern auch sich unterwunden, Kaiser und Könige zu setzen und entsetzen ihres Gefallens; welchen Frevel auch lange Zeit hievor gelehrte und gottesfürchtige

Leute in der Christenheit gestraft haben. Derhalben die Unsern zu Trost der Gewissen gezwungen sind worden, den Unterschied der geistlichen und weltlichen Gewalt, Schwerts und Regiments anzuzeigen, und haben gelehrt, daß man beide Regimente und Gewalt um Gottes Gebots willen mit aller Andacht ehren und wohl halten soll als zwo höchste Gaben Gottes auf Erden.

Nun lehren die Unsern also, daß die Gewalt der Schlüssel oder der Bischöfe sei, laut des Evangelions, eine Gewalt und Befehl Gottes, das Evangelium zu predigen, die Sünde zu vergeben und zu behalten, und die Sacramente zu reichen und zu handeln. Denn Christus hat die Apostel mit dem Befehl ausgesandt (Joh. 20, 21. ff.): „Gleichwie mich mein Vater gesandt hat, also sende ich euch auch. Nehmet hin den Heiligen Geist; welchen ihr die Sünden erlasset werdet, denen sollen sie erlassen sein, und denen ihr sie vorbehalten werdet, denen sollen sie vorbehalten sein."

Dieselbe Gewalt der Schlüssel oder Bischöfe übet und treibet man allein mit der Lehre und Predigt Gottes Worts und mit Handreichung der Sacramente gegen viele oder einzelne Personen, darnach der Beruf ist. Denn damit werden gegeben nicht leibliche, sondern ewige Dinge und Güter, als nämlich, ewige Gerechtigkeit, der Heilige Geist und das ewige Leben. Diese Güter kann man anders nicht erlangen, denn durch das Amt der Predigt und durch die Handreichung der Sacramente. Denn St. Paulus spricht (Röm. 1, 16.): „Das Evangelium ist eine Kraft Gottes, selig zu machen alle, die daran glauben." Dieweil nun die Gewalt der Kirche oder Bischöfe ewige Güter gibt und allein durch das Predigtamt geübt und getrieben wird, so hindert sie die Polizei und das weltliche Regiment nichts überall. Denn das weltliche Regiment gehet mit viel andern Sachen um,

denn das Evangelium; welche Gewalt schützt nicht die See=
len, sondern Leib und Gut wider äußerliche Gewalt mit dem
Schwert und leiblichen Pönen.

Darum soll man die zwei Regimente, das geistliche und
weltliche, nicht in einander mengen oder werfen; denn die
geistliche Gewalt hat ihren Befehl, das Evangelium zu
predigen und die Sacramente zu reichen, soll auch nicht in ein
fremd Amt fallen, soll nicht Könige setzen oder entsetzen, soll
weltlich Gesetz und Gehorsam der Oberkeit nicht aufheben
oder zerrütten, soll weltlicher Gewalt nicht Gesetze machen
und stellen von weltlichen Händeln; wie denn auch Christus
selbst gesagt hat (Joh. 18, 36.): „Mein Reich ist nicht von
dieser Welt"; item (Luc. 12, 14.): „Wer hat mich zu einem
Richter zwischen euch gesetzt?" Und St. Paulus zu den
Philippern am 3, 20.: „Unsere Bürgerschaft ist im Himmel";
und in der zweiten zu den Corinthern 10, 4.: „Die Waffen
unserer Ritterschaft sind nicht fleischlich, sondern mächtig vor
Gott, zu verstören die Anschläge und alle Höhe, die sich er=
hebt wider die Erkenntniß Gottes."

Dieser Gestalt unterscheiden die Unsern beider Regimente
und Gewalte Amt, und heißen sie beide als die höchste Gabe
Gottes auf Erden in Ehren halten. Wo aber die Bischöfe
weltlich Regiment und Schwert haben, so haben sie dieselben
nicht als Bischöfe aus göttlichen Rechten, sondern aus
menschlichen kaiserlichen Rechten, geschenkt von Kaisern und
Königen zu weltlicher Verwaltung ihrer Güter, und gehet das
Amt des Evangelions gar nichts an.

Derhalben ist das bischöfliche Amt nach göttlichen Rech=
ten: das Evangelium predigen, Sünden vergeben, Lehre ur=
theilen, und die Lehre, so dem Evangelio entgegen, verwerfen,
und die Gottlosen, dero gottlos Wesen offenbar ist, aus christ=
licher Gemeine ausschließen, ohne menschliche Gewalt, sondern

allein durch Gottes Wort. Und diesfalls sind die Pfarr-
leute und Kirchen schuldig, den Bischöfen gehorsam zu sein,
laut dieses Spruchs Christi, Luc. am 10, 16.: „Wer euch
höret, der höret mich.“ Wo sie aber etwas dem Evangelio
entgegen lehren, setzen oder aufrichten, haben wir Gottes Befehl in solchem Fall, daß wir nicht sollen gehorsam sein,
Matth. am 7, 15.: „Sehet euch vor vor den falschen Propheten.“ Und St. Paulus zu den Galatern am 1, 8.: „So
auch wir oder ein Engel vom Himmel euch ein ander Evangelium predigen würde, denn das wir euch gepredigt haben,
der sei verflucht.“ Und in der 2. Epistel zu den Corinthern
am 13, 8. 10.: „Wir haben keine Macht wider die Wahrheit, sondern für die Wahrheit“; item: „Nach der Macht,
welche mir der HErr zu bessern, und nicht zu verderben gegeben hat.“ Also gebeut auch das geistliche Recht 2. q. 7. in
cap. Sacerdotes und in cap. Oves. Und St. Augustin
schreibt in der Epistel wider Petilianum: „Man soll auch den
Bischöfen, so ordentlich gewählet, nicht folgen, wo sie irren oder
etwas wider die heilige göttliche Schrift lehren oder ordnen.“

Daß aber die Bischöfe sonst Gewalt und Gerichtszwang
haben in etlichen Sachen, als nämlich, Ehesachen oder Zehen-
ten, dieselben haben sie aus Kraft menschlicher Rechte. Wo
aber die Ordinarien nachlässig in solchem Amt, so sind die
Fürsten schuldig, sie thuns auch gern oder ungern, hierin
ihren Unterthanen um Friedens willen Recht zu sprechen, zu
Verhütung Unfriedens und großer Unruhe in Ländern.

Weiter disputirt man, ob auch Bischöfe Macht haben,
Ceremonien in der Kirche aufzurichten, desgleichen Satzungen
von Speisen, Feiertagen, von unterschiedlichen Orden der
Kirchendiener. Denn die den Bischöfen diese Gewalt geben,
ziehen diesen Spruch Christi an, Joh. 16, 12.: „Ich habe
euch noch viel zu sagen, ihr aber könnets jetzt nicht tragen;

wenn aber der Geist der Wahrheit kommen wird, der wird euch in alle Wahrheit führen." Dazu führen sie auch das Exempel Act. am 15, 20. 29., da sie Blut und Ersticktes verboten haben So zieht man auch das an, daß der Sab= bath in Sonntag ist verwandelt worden wider die zehen Ge= bote, dafür sie es achten, und wird kein Exempel so hoch getrieben und angezogen, als die Verwandlung des Sab= baths, und wollen damit erhalten, daß die Gewalt der Kirche groß sei, dieweil sie mit den zehen Geboten dispensirt und etwas daran verändert hat.

Aber die Unsern lehren in dieser Frage also, daß die Bischöfe nicht Macht haben, etwas wider das Evangelium zu setzen und aufzurichten; wie denn oben angezeigt ist und die geistlichen Rechte durch die ganze neunte Distinction lehren. Nun ist dieses öffentlich wider Gottes Befehl und Wort, der Meinung Gesetze zu machen oder zu gebieten, daß man dadurch für die Sünden genug thue und Gnade erlange; denn es wird die Ehre des Verdienstes Christi verlästert, wenn wir uns mit solchen Satzungen unterwinden, Gnade zu ver= dienen. Es ist auch am Tage, daß um dieser Meinung willen in der Christenheit menschliche Aufsatzungen unzählig überhand genommen haben, und indeß die Lehre vom Glau= ben und die Gerechtigkeit des Glaubens gar ist untergedrückt gewesen; man hat täglich neue Feiertage, neue Fasten ge= boten, neue Ceremonien und neue Ehrerbietung der Heiligen eingesetzt, mit solchen Werken Gnade und alles Gutes bei Gott zu verdienen. Item, die menschliche Satzungen auf= richten, thun auch damit wider Gottes Gebot, daß sie Sünde setzen in der Speise, in Tagen und dergleichen Dingen, und beschweren also die Christenheit mit der Knechtschaft des Ge= setzes, eben als müßte bei den Christen ein solcher Gottesdienst sein, Gottes Gnade zu verdienen, der gleich wäre dem levi=

tischen Gottesdienst, welchen Gott sollte den Aposteln und
Bischöfen befohlen haben aufzurichten, wie denn etliche davon
schreiben; stehet auch wohl zu glauben, daß etliche Bischöfe
mit dem Exempel des Gesetzes Mosis sind betrogen worden,
daher so unzählige Satzungen gekommen sind, daß eine Todsünde sein soll, wenn man an Feiertagen eine Handarbeit
thue, ohne Aergerniß der andern; daß eine Todsünde sei, wenn
man die Siebenzeit nachläßt; daß etliche Speise das Gewissen
verunreinige; daß Fasten ein solch Werk sei, damit man Gott
versöhne; daß die Sünde in einem vorbehaltenen Fall werde
nicht vergeben, man ersuche denn zuvor den Vorbehalter des
Falls, unangesehen, daß die geistlichen Rechte nicht von Vorbehaltung der Schuld, sondern von Vorbehaltung der Kirchen-
pön reden.

Woher haben denn die Bischöfe Recht und Macht, solche
Aufsätze der Christenheit aufzulegen, die Gewissen zu verstricken? Denn St Peter verbeut in Geschichten der Apostel
am 15, 10., „das Joch auf der Jünger Hälse zu legen". Und
St. Paulus sagt zu den Corinthern, „daß ihnen die Gewalt
zu bessern und nicht zu verderben gegeben sei". Warum
mehren sie denn die Sünden mit solchen Aufsätzen? Doch
hat man helle Sprüche der göttlichen Schrift, die da verbieten,
solche Aufsätze aufzurichten, die Gnade Gottes damit zu verdienen, oder als sollten sie vonnöthen zur Seligkeit sein. So
sagt St. Paulus zu den Colossern 2, 16. 20.: „So laßt nun
niemand euch Gewissen machen über Speise oder über Trank
oder über bestimmten Tagen, nämlich den Feiertagen, oder
neuen Monden oder Sabbathen, welches ist der Schatten von
dem, das zukünftig war, aber der Körper selbst ist in Christo";
item: „So ihr denn gestorben seid mit Christo von den weltlichen Satzungen, was lasset ihr euch denn fangen mit
Satzungen, als wäret ihr lebendig? Die da sagen: Du sollst

das nicht anrühren, du sollst das nicht essen noch trinken, du sollst das nicht anlegen; welches sich doch alles unter Händen verzehret, und sind Menschengebot und Lehre, und haben einen Schein der Wahrheit." Item, St. Paulus zu Tito am 1, 14. verbeut öffentlich, man soll nicht achten auf jüdische Fabeln und Menschengebote, welche die Wahrheit abwenden.

So redet auch Christus selbst Matth. am 15, 14. 13. von denen, so die Leute auf Menschengebote treiben: „Laßt sie fahren, sie sind der Blinden blinde Leiter", und verwirft solchen Gottesdienst und sagt: „Alle Pflanzen, die mein himmlischer Vater nicht gepflanzet hat, die werden ausgereutet." So nun die Bischöfe Macht haben, die Kirchen mit unzähligen Aufsätzen zu beschweren und die Gewissen zu verstricken: warum verbeut dann die göttliche Schrift so oft, die menschlichen Aufsätze zu machen und zu hören? Warum nennet sie dieselben Teufelslehren? Sollte denn der Heilige Geist solches alles vergeblich verwarnet haben?

Derhalben dieweil solche Ordnungen, als nöthig aufgerichtet, damit Gott zu versöhnen und Gnade zu verdienen, dem Evangelio entgegen sind, so ziemt sich keineswegs den Bischöfen, solche Gottesdienste zu erzwingen. Denn man muß in der Christenheit die Lehre von der christlichen Freiheit behalten, als nämlich, daß die Knechtschaft des Gesetzes nicht nöthig ist zur Rechtfertigung, wie denn St. Paulus zu den Galatern schreibt am 5, 1.: „So bestehet nun in der Freiheit, damit uns Christus gefreiet hat, und laßt euch nicht wieder in das knechtische Joch verknüpfen"; denn es muß je der vornehmste Artikel des Evangelions erhalten werden, daß wir die Gnade Gottes durch den Glauben an Christum ohne unser Verdienst erlangen, und nicht durch Dienst von Menschen eingesetzt verdienen.

Was soll man denn halten vom Sonntag und dergleichen

andern Kirchenordnungen und Ceremonien? Dazu geben
die Unsern diese Antwort, daß die Bischöfe oder Pfarrherren
mögen Ordnungen machen, damit es ordentlich in der Kirche
zugehe, nicht damit Gottes Gnade zu erlangen, auch nicht
damit für die Sünden genug zu thun, oder die Gewissen damit zu verbinden, solches für nöthigen Gottesdienst zu halten,
und es dafür zu achten, daß sie Sünde thäten, wenn sie ohne
Aergerniß dieselben brechen. Also hat St. Paulus zu den
Corinthern (1 Cor. 11, 5. 6.) verordnet, „daß die Weiber in
der Versammlung ihr Haupt sollen decken"; item, daß die
Prediger in der Versammlung „nicht zugleich alle reden",
sondern ordentlich, einer nach dem andern.

Solche Ordnung gebührt der christlichen Versammlung
um der Liebe und Friedens willen zu halten, und den Bischöfen und Pfarrherren in diesen Fällen gehorsam zu sein,
und dieselben sofern zu halten, daß einer den andern nicht
ärgere; damit in der Kirche keine Unordnung oder wüstes
Wesen sei; doch also, daß die Gewissen nicht beschweret werden, daß mans für solche Dinge halte, die noth sein sollten
zur Seligkeit, und es dafür achte, daß sie Sünde thäten,
wenn sie dieselben ohne der andern Aergerniß brechen; wie
denn niemand sagt, daß das Weib Sünde thue, die mit blo-
ßem Haupt ohne Aergerniß der Leute ausgeht. Also ist die
Ordnung vom Sonntage, von der Osterfeier, von den Pfing-
sten und dergleichen Feier und Weise. Denn die es dafür
achten, daß die Ordnung vom Sonntag für den Sabbath als
nöthig aufgerichtet sei, die irren sehr; denn die heilige Schrift
hat den Sabbath abgethan und lehret, daß alle Ceremonien
des alten Gesetzes nach Eröffnung des Evangelions mögen
nachgelassen werden; und dennoch, weil vonnöthen gewesen
ist, einen gewissen Tag zu verordnen, auf daß das Volk
wüßte, wann es zusammenkommen sollte, hat die christliche

Kirche den Sonntag dazu verordnet und zu dieser Veränderung desto mehr Gefallens und Willens gehabt, damit die Leute ein Exempel hätten der christlichen Freiheit, daß man wüßte, daß weder die Haltung des Sabbaths noch eines andern Tages vonnöthen sei. Es sind viele unrichtige Disputationen von der Verwandlung des Gesetzes, von den Ceremonien des neuen Testaments, von der Veränderung des Sabbaths, welche alle entsprungen sind aus falscher und irriger Meinung, als müßte man in der Christenheit einen solchen Gottesdienst haben, der dem levitischen oder jüdischen Gottesdienst gemäß wäre, und als sollte Christus den Aposteln und Bischöfen befohlen haben, neue Ceremonien zu erdenken, die zur Seligkeit nöthig wären. Dieselben Irrthümer haben sich in die Christenheit eingeflochten, da man die Gerechtigkeit des Glaubens nicht lauter und rein gelehrt und geprediget hat. Etliche disputiren also vom Sonntage, daß man ihn halten müsse, wiewohl nicht aus göttlichen Rechten [dennoch schier als viel als aus göttlichen Rechten]*); stellen Form und Maß, wie fern man am Feiertage arbeiten mag. Was sind aber solche Disputationes anders, denn Fallstricke des Gewissens? Denn wiewohl sie sich unterstehen, menschliche Aufsätze zu lindern und epiiciren, so kann man doch keine ἐπιείκειαν**) oder Linderung treffen, so lange die Meinung stehet und bleibt, als sollten sie vonnöthen sein. Nun muß dieselbige Meinung bleiben, wenn man nichts weiß von der Gerechtigkeit des Glaubens und von der christlichen Freiheit. Die Apostel haben geheißen, man solle sich „enthalten des Blutes und Erstickten". Wer hälts aber jetzo? Aber dennoch thun die keine Sünde, die es nicht halten; denn die Apostel haben auch selbst die Gewissen nicht wollen be-

---

*) Diese eingeschlossenen Worte finden sich in den ersten Ausgaben.
**) epieikeian.

schweren mit solcher Knechtschaft, sondern habens um Aergers niſſes willen eine Zeitlang verboten. Denn man muß Achs tung haben in dieſer Satzung auf das Hauptſtück chriſtlicher Lehre, das durch dieſes Decret nicht aufgehoben wird.

Man hält ſchier keine alte Canones, wie ſie lauten; es fallen auch derſelben Satzungen täglich viele weg, auch bei denen, die ſolche Aufſätze allerfleißigſt halten; da kann man den Gewiſſen nicht rathen noch helfen, wo dieſe Linderung nicht gehalten wird; daß wir wiſſen, ſolche Aufſätze alſo zu halten, daß mans nicht dafür halte, daß ſie nöthig ſeien, daß auch den Gewiſſen unſchädlich ſei, obgleich ſolche Aufſätze fallen. Es würden aber die Biſchöfe leichtlich den Gehorſam erhalten, wo ſie nicht darauf drüngen, diejenigen Satzungen zu halten, ſo doch ohne Sünde nicht mögen gehalten werden. Jetzo aber thun ſie ein Ding und verbieten beide Geſtalt des heiligen Sacraments; item, den Geiſtlichen den Eheſtand; nehmen niemand auf, ehe er denn zuvor einen Eid gethan habe, er wolle dieſe Lehre, ſo doch ohne Zweifel dem heiligen Evangelio gemäß iſt, nicht predigen.

Unſere Kirchen begehren nicht, daß die Biſchöfe mit Nachs theil ihrer Ehren und Würden wiederum Fried und Einigkeit machen; wiewohl ſolches den Biſchöfen in der Noth auch zu thun gebühret. Allein bitten ſie darum, daß die Biſchöfe etliche unbillige Beſchwerungen nachlaſſen, die doch vor Zeiten auch in der Kirche nicht geweſen, und angenommen ſind wider den Gebrauch der chriſtlichen gemeinen Kirche; welche vielleicht im Anheben etliche Urſachen gehabt, aber ſie reimen ſich nicht zu unſern Zeiten. So iſt es auch unleugbar, daß etliche Satzungen aus Unverſtand angenommen ſind; darum ſollten die Biſchöfe der Gütigkeit ſein, dieſelben Satzungen zu mildern, ſintemal eine ſolche Aenderung nichts ſchadet, die Einigkeit chriſtlicher Kirche zu erhalten; denn viele Satzuns gen von den Menschen aufgekommen sind mit der Zeit selbst gefallen, und nicht nöthig zu halten, wie die päbstlichen Rechte selbst zeugen. Kanns aber je nicht sein, es auch bei ihnen nicht zu erhalten, daß man solche menschlichen Satzungen mäßige und abthue, welche man ohne Sünde nicht kann halten, so müssen wir der Apostel Regel folgen, die uns gebeut, „wir sollen Gott mehr gehorsam sein, denn den Menschen."

St. Peter verbeut den Bischöfen die Herrschaft, als hätten sie Gewalt, die Kirchen, wozu sie wollten, zu zwingen. Jetzt geht man nicht damit um, wie man den Bischöfen ihre Gewalt nehme, sondern man bittet und begehrt, sie wollten die Gewissen nicht zu Sünden zwingen. Wenn sie aber solches nicht thun werden, und diese Bitte verachten, so mögen sie gedenken, wie sie werden deshalb Gott Antwort geben müssen, dieweil sie mit solcher ihrer Härtigkeit Ursache geben zu Spaltung und Schisma, das sie doch billig sollen verhüten helfen.

In diesem Artikel wird der Unterschied von weltlicher und geistlicher Gewalt oder von Staat und Kirche dargelegt. Die Streitigkeiten zwischen Staat und Kirche, welche in unserer Zeit namentlich in Europa die Gemüther beschäftigen, kommen daher, daß man geistliche und weltliche Gewalt nicht auseinanderhält. Die weltliche Obrigkeit maßt sich geistliche und eine sogenannte geistliche Obrigkeit weltliche Gewalt an. Sonderlich haben die Päbste immer behauptet, ihnen komme auch eine weltliche Gewalt zu. Der Pabst Gregor VII. (1073—1085) nahm es sich heraus, den deutschen Kaiser Heinrich IV. abzusetzen. Auf der andern Seite haben sich auch weltliche Herrscher schon seit dem 4. Jahrhundert der christlichen Kirche mehr oder weniger Gewalt in geistlichen Dingen angemaßt. Es kam vielfach der gottlose Grundsatz zur Geltung, daß der weltliche Regent auch die Religion seiner Unterthanen zu bestimmen habe. In einigen deutschen Landeskirchen haben ernste Christen auch in diesem Jahrhundert Verfolgung und Gefängniß erdulden müssen, weil sie nicht den gottlosen Verordnungen nachkommen wollten, welche die Landesherrn in geistlichen Dingen, in denen sie gar nichts zu befehlen haben, erließen. — In unserm Artikel wird nach Gottes Wort klar der Unterschied zwischen geistlicher und weltlicher Gewalt dargelegt. Beide Gewalten sind von Gott geordnet, aber sie haben mit ganz verschiedenen Dingen zu thun. Die weltliche Obrigkeit hat es mit den Dingen dieses Lebens zu thun, hat nicht die Seelen, „sondern Leib und Gut wider äußerliche Gewalt" zu schützen. Um dieses ihr Amt auszurichten, kann und soll die weltliche Obrigkeit auch leibliche Strafen und das Schwert anwenden. Der geistlichen Gewalt oder der Kirche aber liegt allein die Sorge für die Seelen ob, und um ihr Amt auszuüben, braucht sie keine anderen Mittel als das Wort Gottes und die Sacramente. Aeußerlicher Zwang und weltliche Strafen sind hier gänzlich ausgeschlossen. Bleiben so Kirche und Staat in dem ihnen von Gott gegebenen Amt, so können sie nicht mit einander in Conflict kommen. — In unserem Artikel wird auch die schriftgemäße Lehre vom Sonntag klar ausgesprochen. Die Secten und selbst manche Lutheraner lehren, der Sonntag sei im Neuen Testament an Stelle des jüdischen Sabbaths im Alten Testament von Gott selbst geordnet und eingesetzt. Dagegen sagt unser Bekenntniß hier: „Die dafür achten, daß die Ordnung vom Sonntag für den Sabbath als nöthig aufgerichtet sei, die irren sehr. Denn die heilige Schrift hat den Sabbath abgethan und lehret, daß alle Ceremonien des alten Gesetzes nach Eröffnung des Evangeliums mögen nachgelassen werden." Dafür hat unser Bekenntniß klaren Schriftgrund in Col. 2, 16. Trotzdem feiern wir Lutheraner mit Freuden den Sonntag als eine heilsame kirchliche Ordnung, „weil vonnöthen gewesen (und noch) ist, einen gewissen Tag zu verordnen, auf daß das Volk wüßte, wann es (zum öffentlichen Gottesdienst) zusammenkommen sollte."

Beschluß.

Dies sind die vornehmsten Artikel, die für streitig geachtet werden; denn wiewohl man viel mehr Mißbräuche und Unrichtigkeit hätte anziehen können, so haben wir doch, die Weitläuftigkeit und Länge zu verhüten, allein die vornehmsten vermeldet, daraus die andern leichtlich zu ermessen; denn man in Vorzeiten sehr geklagt über den Ablaß, über Wallfahrten, über Mißbrauch des Bannes. Es hatten auch die Pfarrer unendlich Gezänk mit den Mönchen von wegen des Beicht= hörens, des Begräbnisses, der Leichenpredigten und un= zähliger anderer Stücke mehr. Solches alles haben wir im besten und um Glimpfs willen übergangen, damit man die vornehmsten Stücke in dieser Sache desto baß vermerken möchte. Dafür soll es auch nicht gehalten werden, daß in dem jemand ichtes [etwas] zu Haß, wider oder Unglimpf ge= redet oder angezogen sei; sondern wir haben allein die Stücke erzählet, die wir für nöthig anzuziehen und zu vermelden ge= achtet haben, damit man daraus desto baß zu vernehmen habe, daß bei uns nichts weder mit Lehre noch mit Ceremo= nien angenommen ist, das entweder der heiligen Schrift, oder gemeiner christlicher Kirche zu entgegen wäre. Denn es ist je am Tage und öffentlich, daß wir mit allem Fleiß mit Gottes Hilfe (ohne Ruhm zu reden) verhütet haben, damit je keine neue und gottlose Lehre sich in unsern Kirchen ein= flechte, einreiße und überhand nehme.

Die obgemeldeten Artikel haben wir dem Ausschreiben nach übergeben wollen, zu einer Anzeigung unseres Bekennt= nisses und der Unsern Lehre; und ob jemand befunden würde, der daran Mangel hätte, dem ist man ferner Bericht mit göttlicher heiliger Schrift zu thun erbötig.

E. Kaiserl. Majestät
unterthänigste

Johannes, Herzog zu Sachsen, Churfürst.
Georg, Markgraf zu Brandenburg.
Ernst, Herzog zu Lüneburg.
Philipp, Landgraf zu Hessen.
Wolfgang, Fürst zu Anhalt.
Die Stadt Nürnberg.
Die Stadt Reutlingen.